dtv

Mit Parodien auf die damaligen Mode- und Erfolgsartikel der Literatur begann Jane Austen ihre schriftstellerische Laufbahn, fand jedoch schon bald ihr eigenes Genre. Anonym – unter dem Buchtitel stand nur «by a Lady» – veröffentlichte sie Romane aus der ihr vertrauten Welt des gehobenen ländlichen Mittelstandes. In ihrer Klugheit, Wärme und Frische sind sie heute so anziehend wie vor bald zweihundert Jahren, und doch sind sie dank der scharfen Beobachtungsgabe und der meisterhaften Anwendung von Ironie und der Doppelbödigkeit der Inszenierungen auch kritische Milieustudien. Charakteristische Szenen aus den Romanen und eingestreute Briefe vermitteln einen Einblick in Leben und Werk der berühmten literarischen «Lady».

Jane Austen (1775–1817) gilt als die große Dame der englischen Literatur, der es als erster gelang, die Komik des Alltäglichen zu gestalten. Nach außen hin führte sie ein ereignisloses Leben im elterlichen Pfarrhaus. Ihre Romane jedoch – neben ‹Mansfield Park› (1814) sind dies vor allem ‹Verstand und Gefühl› (1811), ‹Stolz und Vorurteil› (1813) und ‹Emma› (1815) – erfreuen sich heute weltweit einer millionenfachen Leserschaft. Fast alle sind mehrfach erfolgreich verfilmt worden.

Jane Austen

A READER

EIN LESEBUCH

Herausgegeben und übersetzt von
Eva Leipprand

Deutscher Taschenbuch Verlag

dtv zweisprachig

Von Jane Austen sind
im Deutschen Taschenbuch Verlag erschienen:
Anne Ellliot oder die Kraft der Überredung
(13901 und 40250)
Emma (13357 und 40002)
Mansfield Park (12956)
Northanger Abbey (14013 und 40782)
Sanditon (12666)
Stolz und Vorurteil (12350, 19103 und 40136)
Verstand und Gefühl (12747 und 40159)
Die Watsons (12541)

**Ausführliche Informationen über
unsere Autoren und Bücher
finden Sie auf unserer Website
www.dtv.de**

FSC www.fsc.org
MIX
Papier aus verantwortungsvollen Quellen
FSC® C013736

Der Band ist erstmals 2001 unter dem Titel
‹By a Lady. Jane Austen Lesebuch› (9410) erschienen
Umschlagkonzept: Balk & Brumshagen
Umschlagbild: plainpicture/Arcangel
Satz: Greiner & Reichel, Köln
Druck und Bindung: Kösel, Krugzell
Gedruckt auf säurefreiem, chlorfrei gebleichtem Papier
Printed in Germany · ISBN 978-3-423-09509-9

Inhalt

The Mystery
An Unfinished Comedy

Dedication
to the Revd George Austen

SIR
I humbly solicit your patronage to the following comedy, which tho' an unfinished one, is I flatter myself as *complete* a *mystery* as any of its kind.

I am Sir your most hum^{le}
servant
THE AUTHOR

THE MYSTERY
A Comedy

Dramatis Personae

MEN	WOMEN
Colonel Elliott	Fanny Elliott
Sir Edward Spangle	Mrs. Humbug
Old Humbug	and
Young Humbug	Daphne
and	
Corydon	

Das Geheimnis

Eine unvollendete Komödie

Widmung
an den Reverend George Austen

SIR,
ich bitte Sie untertänigst, sich der folgenden Komödie annehmen zu wollen, die, wie ich mir schmeicheln darf, wenn auch unvollendet, als *Geheimnis* doch so *vollendet* ist wie nur irgendeins.

Ich bin, Sir, Ihr ergebenster
Diener
DER AUTOR

DAS GEHEIMNIS

Eine Komödie

Dramatis Personae

HERREN
Colonel Elliott
Sir Edward Spangle
Der alte Humbug
Der junge Humbug
und
Corydon

DAMEN
Fanny Elliott
Mrs. Humbug
und
Daphne

Scene the 1st

A garden.

Enter CORYDON.

CORY:) But hush! I am interrupted.

Exit CORYDON

Enter OLD HUMBUG *& his* SON, *talking.*

OLD HUM:) It is for that reason I wish you to follow my advice. Are you convinced of its propriety?

YOUNG HUM:) I am, Sir, and will certainly act in the manner you have pointed out to me.

OLD HUM:) Then let us return to the house.

Exeunt

Scene the 2d

A parlour in HUMBUG'S *house.*

MRS. HUMBUG *&* FANNY, *discovered at work.*

MRS. HUM:) You understand me my love?

FANNY) Perfectly ma'am. Pray continue your narration.

MRS. HUM:) Alas! it is nearly concluded, for I have nothing more to say on the subject.

FANNY) Ah! here's Daphne.

Enter DAPHNE.

DAPHNE) My dear Mrs. Humbug how d'ye do? Oh! Fanny t'is all over.

FANNY) Is it indeed!

MRS. HUM:) I'm very sorry to hear it.

FANNY) Then t'was to no purpose that I …

DAPHNE) None upon earth.

MRS. HUM:) And what is to become of …?

DAPHNE:) Oh! that's all settled. (*whispers* MRS. HUMBUG)

Erste Szene
Ein Garten
CORYDON *tritt auf*

CORYDON Doch still! Da kommt jemand.

CORYDON *ab*

DER ALTE HUMBUG *tritt auf, im Gespräch mit seinem* SOHN

DER ALTE HUMBUG Genau deshalb wünsche ich, dass du meinen Rat befolgst. Bist du von seiner Richtigkeit überzeugt?

DER JUNGE HUMBUG Gewiss, Sir, und ich werde mich Ihren Anweisungen entsprechend verhalten.

DER ALTE HUMBUG Dann lass uns ins Haus zurückkehren.

ab

2. Szene
Ein Salon in HUMBUGS *Haus*
MRS. HUMBUG *und* FANNY *beim Arbeiten*

MRS. HUMBUG Du verstehst mich, meine Liebe?

FANNY Durchaus, Madam. Erzählen Sie bitte weiter.

MRS. HUMBUG Ach! Meine Geschichte ist schon fast zu Ende, denn ich habe zu dem Thema nichts mehr zu sagen.

FANNY Oh! Hier kommt Daphne.

DAPHNE *tritt auf*

DAPHNE Meine liebe Mrs. Humbug, wie geht es Ihnen? Oh! Fanny, es ist alles aus!

FANNY Ach, wirklich?

MRS. HUMBUG Das tut mir aber sehr leid.

FANNY Dann hatte es also gar keinen Zweck, dass ich …

DAPHNE Überhaupt keinen.

MRS. HUMBUG Und was wird nun aus …?

DAPHNE Nun, das ist alles schon geregelt. (*flüstert mit* MRS. HUMBUG)

FANNY) And how is it determined?

DAPHNE) I'll tell you. (*whispers* FANNY)

MRS. HUM:) And is he to …?

DAPHNE) I'll tell you all I know of the matter. (*whispers* MRS. HUMBUG *&* FANNY)

FANNY) Well! now I know everything about it, I'll go away.

MRS. HUM: / DAPHNE } And so will I.

Exeunt

Scene the 3^{d}

The curtain rises and discovers SIR EDWARD SPANGLE *reclined in an elegant attitude on a sofa, fast asleep. Enter* COLONEL ELLIOTT.

COLONEL) My daughter is not here I see … there lies Sir Edward … Shall I tell him the secret? … No, he'll certainly blab it. … But he is asleep and won't hear me. … So I'll e'en venture.

Goes up to SIR EDWARD, *whispers him, &*
Exit

End of the 1st Act.

FINIS

FANNY Und wie hat man sich entschieden?

DAPHNE Ich sage es dir. (*flüstert mit* FANNY)

MRS. HUMBUG Und muss er ...?

DAPHNE Ich erzähle Ihnen alles, was ich von der Geschichte weiß. (*flüstert mit* MRS. HUMBUG *und* FANNY)

FANNY Gut! Ich bin nun im Bilde. Jetzt gehe ich.

MRS. HUMBUG Ich auch.

DAPHNE Ich auch.

ab

3. Szene

Der Vorhang geht auf und zeigt SIR EDWARD SPANGLE *in eleganter Haltung auf dem Sofa liegend, in tiefem Schlaf*
COLONEL ELLIOTT tritt auf

COLONEL Wie ich sehe, ist meine Tochter nicht hier ... dort liegt Sir Edward ... Soll ich ihm das Geheimnis verraten? ... Nein, er plaudert es bestimmt aus ... Aber er schläft ja und hört mich nicht ... So will ich's wagen.

Geht zu SIR EDWARD *und flüstert ihm etwas ins Ohr.*

ab

Ende des Ersten Aktes.

FINIS

Letter 4th · Laura to Marianne

Our neighbourhood was small, for it consisted only of your mother. She may probably have already told you that being left by her parents in indigent circumstances she had retired into Wales on economical motives. There it was our friendship first commenced. Isabel was then one and twenty – Tho' pleasing both in her person and manners (between ourselves) she never possessed the hundredth part of my beauty or accomplishments. Isabel had seen the world. She had passed 2 years at one of the first boarding schools in London; had spent a fortnight in Bath & had supped one night in Southampton.

"Beware my Laura (she would often say) beware of the insipid vanities and idle dissipations of the metropolis of England; beware of the unmeaning luxuries of Bath & of the stinking fish of Southampton."

"Alas! (exclaimed I) how am I to avoid those evils I shall never be exposed to? What probability is there of my ever tasting the dissipations of London, the luxuries of Bath or the stinking fish of Southampton? I who am doomed to waste my days of youth & beauty in an humble cottage in the vale of Uske."

Ah! little did I then think I was ordained so soon to quit that humble cottage for the deceitful pleasures of the world.

adieu
Laura

Liebe und Freundschaft

Vierter Brief · Laura an Marianne

Der Kreis unserer Nachbarschaft war klein; er bestand nämlich nur aus Deiner Mutter. Möglicherweise hat sie Dir schon mitgeteilt, dass sie, von ihren Eltern in ärmlichen Umständen zurückgelassen, aus wirtschaftlichen Gründen nach Wales gezogen war. Dort liegt der Ursprung unserer Freundschaft. Isabel war damals einundzwanzig. Obwohl gefällig in Aussehen und Manieren, hat sie doch – unter uns gesagt – niemals auch nur einen Bruchteil meiner Schönheit und sonstigen Vorzüge besessen. Isabel war in der Welt herumgekommen. Sie hatte zwei Jahre lang eines der ersten Internate Londons besucht, zwei Wochen in Bath verbracht und einmal in Southampton zu Abend gegessen.

«Hüte dich, Laura», pflegte sie zu sagen, «hüte dich vor den hohlen Eitelkeiten und leeren Zerstreuungen der englischen Metropole. Hüte dich vor den nichtigen Wonnen von Bath und vor dem stinkenden Fisch von Southampton.»

«Weh mir!» rief ich, «wie soll ich mich vor Übeln hüten, denen ich niemals ausgesetzt sein werde? Welche Aussicht habe ich denn überhaupt, jemals die Zerstreuungen von London, die Wonnen von Bath oder den stinkenden Fisch von Southampton zu kosten? Ich, die ich dazu verdammt bin, meine Jugend und Schönheit Tag um Tag in einem bescheidenen Häuschen im Uske-Tal zu vergeuden.»

Ach, damals ahnte ich nicht, wie bald es mir bestimmt sein sollte, jenes bescheidene Häuschen gegen die falschen Freuden der Welt einzutauschen.

Adieu
Laura

One evening in december as my father, my mother and myself were arranged in social converse round our fireside, we were on a sudden greatly astonished, by hearing a violent knocking on the outward door of our rustic cot.

My father started – "What noise is that," (said he.) "It sounds like a loud rapping at the door" – (replied my mother.) "It does indeed." (cried I.) "I am of your opinion; (said my father) it certainly does appear to proceed from some uncommon violence exerted against our unoffending door." "Yes (exclaimed I) I cannot help thinking it must be somebody who knocks for admittance."

"That is another point (replied he;) we must not pretend to determine on what motive the person may knock – tho' that someone *does* rap at the door, I am partly convinced."

Here a 2d tremendous rap interrupted my father in his speech and somewhat alarmed my mother and me.

"Had we not better go and see who it is? (said she) the servants are out." "I think we had." (replied I.) "Certainly, (added my father) by all means." "Shall we go now?" (said my mother.) "The sooner the better." (answered he). "Oh! Let no time be lost." (cried I.)

A third more violent rap than ever again assaulted our ears. "I am certain there is somebody knocking at the door." (said my mother.) "I think there must," (replied my father) "I fancy the servants are returned; (said I) I think I hear Mary going to the door." "I'm glad of it (cried my father) for I long to know who it is."

I was right in my conjecture; for Mary instantly

Fünfter Brief · Laura an Marianne

An einem Dezemberabend, als wir drei, mein Vater, meine Mutter und ich, in geselliger Runde um das Feuer versammelt waren, hörten wir plötzlich zu unserem großen Erstaunen heftiges Klopfen am äußeren Tor unserer ländlichen Behausung.

Mein Vater fuhr hoch. «Was ist das für ein Lärm?» sagte er. «Es klingt wie ein lautes Klopfen gegen das Tor», antwortete meine Mutter. «Das stimmt», rief ich. «Ich bin ganz deiner Meinung», sagte mein Vater. «Es scheint tatsächlich von einer ungewöhnlichen Gewaltanwendung gegen unser unschuldiges Tor herzurühren.» «Ja», rief ich aus, «ich kann mir nicht helfen, aber da klopft bestimmt einer, der hereinwill.»

«Das ist ein anderes Thema», antwortete er. «Wir können uns nicht anmaßen, das Motiv zu bestimmen, das die Person zum Klopfen bewegt – aber dass tatsächlich jemand ans Tor klopft, davon bin ich zumindest teilweise überzeugt.»

Ein gewaltiger zweiter Schlag unterbrach die Rede meines Vaters und versetzte meine Mutter und mich in eine gewisse Unruhe.

«Sollten wir nicht nachschauen, wer das ist?» sagte sie. «Die Dienstboten sind gegangen.» «Ja, natürlich», antwortete ich. «Gewiss», fügte mein Vater hinzu, «unter allen Umständen.» «Sollen wir jetzt gleich gehen?» sagte meine Mutter. «Je eher, desto besser», antwortete er. «Oh! Wir dürfen keine Zeit verschwenden!» rief ich.

Ein dritter Schlag, noch gewaltiger als zuvor, dröhnte uns in die Ohren. «Ich bin sicher, da klopft jemand ans Tor», sagte meine Mutter. «Ganz bestimmt», antwortete mein Vater. «Kann es sein, dass die Dienstboten zurückgekehrt sind?» sagte ich. «Ich glaube, ich höre Mary zum Tor gehen.» «Das ist mir sehr recht», rief mein Vater, «denn ich wüsste nur zu gerne, wer das ist.»

Ich hatte recht mit meiner Vermutung; denn kurz darauf

entering the room, informed us that a young gentleman & his servant were at the door, who had lost their way, were very cold and begged leave to warm themselves by our fire.

"Won't you admit them?" (said I) "You have no objection, my dear?" (said my father.) "None in the world." (replied my mother.)

Mary, without waiting for any further commands immediately left the room and quickly returned introducing the most beauteous and amiable youth I had ever beheld. The servant, she kept to herself.

My natural sensibility had already been greatly affected by the sufferings of the unfortunate stranger and no sooner did I first behold him, than I felt that on him the happiness or misery of my future life must depend.

adieu
Laura

Letter 6th · Laura to Marianne

The noble youth informed us that his name was Lindsay – for particular reasons however I shall conceal it under that of Talbot. He told us that he was the son of an English baronet, that his mother had been many years no more and that he had a sister of the middle size. "My father (he continued) is a mean and mercenary wretch – it is only to such particular friends as this dear party that I would thus betray his failings. Your virtues my amiable Polydore (addressing himself to my father) yours dear Claudia and yours my charming Laura call on me to repose in you, my confidence." We bowed. "My father, seduced by the false glare of fortune and the deluding pomp of title, insisted on my

betrat Mary das Zimmer und berichtete, ein junger Herr mit seinem Diener stünde am Tor. Sie hätten sich verirrt, frören bitterlich und bäten um die Erlaubnis, sich an unserem Feuer wärmen zu dürfen.

«Wollt ihr sie denn nicht hereinlassen?» fragte ich. «Du hast keine Einwände, meine Liebe?» sagte mein Vater. «Nicht die geringsten», antwortete meine Mutter.

Ohne weitere Anweisungen abzuwarten verließ Mary das Zimmer, um uns unverzüglich den schönsten und liebenswürdigsten jungen Menschen vorzustellen, den mein Auge je erblickt hat. Den Diener behielt sie für sich.

Meine empfindsame Natur war schon durch die Leiden des unglückseligen Fremden erschüttert. Und kaum hatte ich ihn zum ersten Mal erblickt, da fühlte ich schon die Gewissheit: von ihm würde Glück oder Elend meines zukünftigen Lebens abhängen.

Adieu
Laura

Sechster Brief · Laura an Marianne

Der edle Jüngling teilte uns mit, sein Name sei Lindsay – aus bestimmten Gründen werde ich ihn aber hinter dem Tarnnamen Talbot verbergen. Er sei der Sohn eines englischen Baronets, erklärte er, seine Mutter weile schon seit vielen Jahren nicht mehr unter den Lebenden, und er habe eine Schwester von mittlerer Größe. «Mein Vater», fuhr er fort, «ist ein gemeiner geldgieriger Schuft. Natürlich würde ich nur ganz besonderen Freunden, so wie sie hier versammelt sind, seine Schwächen preisgeben. Ihre Tugendhaftigkeit, mein liebenswürdiger Polydore», wandte er sich an meinen Vater, «und die Ihre, liebe Claudia, und die Ihre, bezaubernde Laura, bewegen mich dazu, Ihnen mein Vertrauen zu schenken.» Wir verbeugten uns. «Verführt vom falschen Glanz des Reichtums und dem trügerischen Pomp des Adelstitels, bestand mein

giving my hand to Lady Dorothea. 'No never' exclaimed I. Lady Dorothea is lovely and engaging; I prefer no woman to her; but know, Sir, that I scorn to marry her in compliance with your wishes. No! Never shall it be said that I obliged my father."

We all admired the noble manliness of his reply. He continued.

"Sir Edward was surprised; he had perhaps little expected to meet with so spirited an opposition to his will. 'Where Edward in the name of wonder (said he) did you pick up this unmeaning gibberish? You have been studying novels I suspect.' I scorned to answer: it would have been beneath my dignity. I mounted my horse and followed by my faithful William set forwards for my aunt's."

"My father's house is situated in Bedfordshire, my aunt's in Middlesex, and tho' I flatter myself with being tolerably proficient in geography, I know not how it happened, but I found myself entering this beautiful vale which I find is in South Wales, when I had expected to have reached my aunt's."

"After having wandered some time on the banks of the Uske without knowing which way to go, I began to lament my cruel destiny in the bitterest and most pathetic manner. It was now perfectly dark, not a single star was there to direct my steps, and I know not what might have befallen me had I not at length discerned thro' the solemn gloom that surrounded me a distant light, which as I approached it, I discovered to be the cheerful blaze of your fire. Impelled by the combination of misfortunes under which I laboured, namely fear, cold and hunger I hesitated not to ask admittance which at length I have gained; and now my adorable Laura (continued he taking my hand) when may I hope

Vater darauf, dass ich Lady Dorothea heirate. ‹Nein, niemals›, rief ich aus. ‹Lady Dorothea ist eine reizende und liebenswürdige junge Dame; keine andere Frau gefällt mir besser. Aber Sie sollen wissen, Sir, dass ich sie niemals heiraten werde, nur weil Sie es wünschen. Nein! Niemand soll je sagen können, dass ich meinem Vater einen Gefallen tat.›»

Wir empfanden tiefe Bewunderung für die edle Männlichkeit dieser Antwort. Er fuhr fort:

«Sir Edward war überrascht. Mit derart feurigem Widerstand gegen seinen Willen hatte er wohl kaum gerechnet. ‹Wo in aller Welt, Edward›, sagte er, ‹hast du dieses alberne Gewäsch her? Du hast wohl zuviel Romane gelesen.› Ich war mir zu gut für eine Antwort. Das wäre unter meiner Würde gewesen. Ich bestieg mein Pferd und machte mich, von meinem treuen William begleitet, auf den Weg zu meiner Tante.

Das Haus meines Vaters liegt in Bedfordshire, das meiner Tante in Middlesex, und obwohl ich mir eigentlich ganz passable Geographiekenntnisse zugute halte, bin ich nun – wie das geschehen konnte, weiß ich nicht – hier in dieses schöne Tal geraten, das offenbar in Südwales liegt, während ich doch eigentlich damit gerechnet hatte, zu meiner Tante zu kommen.

Nachdem ich einige Zeit am Ufer des Uske entlanggewandert war, ohne zu wissen, wohin, begann ich mein grausames Schicksal auf das Bitterste und Jammervollste zu beklagen. Es war inzwischen vollkommen dunkel geworden, kein einziger Stern wies mir den Weg, und ich weiß nicht, was aus mir geworden wäre, hätte ich nicht schließlich in der trostlosen Düsternis um mich herum ein Licht in der Ferne erblickt, das sich beim Näherkommen als der fröhliche Schein Ihres Feuers entpuppte. Getrieben von der Fülle der mich bedrängenden Unbilden, nämlich Furcht, Kälte und Hunger, zögerte ich nicht, um Einlass zu bitten, der mir am Ende auch gewährt wurde. Und nun, anbetungswürdige Laura», fuhr er fort, indem er meine Hand ergriff, «wann darf ich auf den

to receive that reward of all the painful sufferings I have undergone during the course of my attachment to you, to which I have ever aspired? Oh! when will you reward me with yourself?"

"This instant, dear and amiable Edward." (replied I). We were immediately united by my father, who tho' he had never taken orders had been bred to the church.

adieu
Laura

Steventon: Saturday January 9

In the first place I hope you will live twenty-three years longer. Mr. Tom Lefroy's birthday was yesterday, so that you are very near of an age.

After this necessary preamble I shall proceed to inform you that we had an exceeding good ball last night, and that I was very much disappointed at not seeing Charles Fowle of the party, as I had previously heard of his being invited. In addition to our set at the Harwood's ball, we had the Grants, St. Johns, Lady Rivers, her three daughters and a son, Mr. and Miss Heathcote, Mrs. Lefevre, two Mr. Watkins, Mr. J. Portal, Miss Deanes, two Miss Ledgers, and a tall clergyman who came with them, whose name Mary would never have guessed.

We were so terrible good as to take James in our carriage, though there were three of us before; but indeed he deserves encouragement for the very great improvement which has lately taken place in his dancing. Miss Heathcote is pretty, but not near so handsome as I expected. Mr. H. began with Elizabeth, and afterwards danced with her again, but *they* do not know how *to be particular*. I flatter myself,

Lohn hoffen für all die schmerzlichen Leiden, die ich auf mich genommen habe für meine Zuneigung zu dir, den einzigen Lohn, den ich je begehrte? Oh! wann schenkst du mir deine Hand?»

«Auf der Stelle, mein allerliebster Edward», antwortete ich. Wir wurden unverzüglich getraut von meinem Vater, der, wenn auch nie ordiniert, doch für die Kirche erzogen worden war.

Adieu
Laura

An Cassandra Austen. Steventon, Samstag, den 9. Januar 1796

Zuerst einmal hoffe ich, dass Du noch weitere dreiundzwanzig Jahre vor Dir hast. Mr. Tom Lefroy hatte gestern Geburtstag, so seid Ihr fast gleich alt.

Nach dieser unumgänglichen Vorrede fahre ich nun fort und teile Dir mit, dass wir gestern abend einen außerordentlich gelungenen Ball erlebten, und dass ich sehr enttäuscht war, Charles Fowle nicht dort zu treffen. Ich hatte nämlich zuvor gehört, er sei eingeladen. Zusätzlich zu unserer Gruppe beim Harwood-Ball waren da noch die Grants, die St. Johns, Lady Rivers, ihre drei Töchter und ein Sohn, Mr. und Miss Heathcote, Mrs. Lefevre, zwei Mr. Watkins, Mr. J. Portal, Miss Deanes, zwei Miss Ledgers und ein großgewachsener Geistlicher, der mit ihnen kam, dessen Namen Mary niemals erraten hätte.

Wir waren ganz furchtbar nett und nahmen James in unserem Wagen mit, obwohl wir schon zu dritt waren. Aber er hat wirklich Unterstützung verdient wegen der erstaunlichen Fortschritte, die er neuerdings beim Tanzen vorweist. Miss Heathcote ist hübsch, sieht aber längst nicht so gut aus, wie ich dachte. Mr. H. fing mit Elizabeth an, und tanzte später noch einmal mit ihr; aber *diese beiden* wissen nicht, wie man sich *vertraulich benimmt*. Ich schmeichle mir jedoch, dass sie

however, that they will profit by the three successive lessons which I have given them.

You scold me so much in the nice long letter which I have this moment received from you, that I am almost afraid to tell you how my Irish friend and I behaved. Imagine to yourself everything most profligate and shocking in the way of dancing and sitting down together. I *can* expose myself, however, only *once more*, because he leaves the country soon after next Friday, on which day we *are* to have a dance at Ashe after all. He is a very gentlemanlike, good-looking, pleasant young man, I assure you. But as to our having ever met, except at the three last balls, I cannot say much; for he is so excessively laughed at about me at Ashe, that he is ashamed of coming to Steventon, and ran away when we called on Mrs. Lefroy a few days ago.

We left Warren at Dean Gate, on our way home last night, and he is now on his road to town. He left his love, &c., to you, and I will deliver it when we meet. Henry goes to Harden today in his way to his Master's degree. We shall feel the loss of these two most agreeable young men exceedingly, and shall have nothing to console us till the arrival of the Coopers on Tuesday. As they will stay here till the Monday following, perhaps Caroline will go to the Ashe ball with me, though I dare say she will not.

I danced twice with Warren last night, and once with Mr. Charles Watkins, and, to my inexpressible astonishment, I entirely escaped John Lyford. I was forced to fight hard for it, however. We had a very good supper, and the greenhouse was illuminated in a very elegant manner.

We had a visit yesterday morning from Mr. Benjamin Portal, whose eyes are as handsome as ever.

von den Lektionen profitieren werden, die ich ihnen dreimal hintereinander gegeben habe.

In dem schönen langen Brief, den ich soeben von Dir erhalten habe, schimpfst Du mich dermaßen aus, dass ich kaum zu erzählen wage, wie wir uns benommen haben, mein irischer Freund und ich. Stell Dir einfach das Äusserste an Lasterhaftigkeit und schockierendem Benehmen vor, das man beim Tanzen und Zusammensitzen an den Tag legen kann. Ich kann mich allerdings nur *noch einmal* bloßstellen, da er kurz nach dem kommenden Freitag das Land verlassen wird. An diesem Freitag werden wir *jetzt doch noch* einen Ball in Ashe haben. Ich versichere Dir, er ist ein sehr gutaussehender, angenehmer junger Mann, und benimmt sich ganz wie ein Gentleman. Zu der Frage jedoch, ob wir uns außer bei den letzten drei Bällen je getroffen haben, kann ich nicht viel sagen; denn man lacht ihn meinetwegen so unmäßig aus in Ashe, dass er sich schämt, nach Steventon zu kommen, und wegrannte, als wir vor ein paar Tagen Mrs. Lefroy besuchten.

Auf dem Heimweg gestern abend ließen wir Warren in Dean Gate zurück, und jetzt ist er auf dem Weg nach London. Er lässt Dich grüßen usw., und ich werde Dir seine Grüße ausrichten, wenn wir uns treffen. Henry geht heute nach Harden für seine Master-Prüfung. Wir werden den Verlust dieser beiden äußerst angenehmen jungen Männer höchst schmerzlich empfinden, und nichts wird uns trösten können, bis dann am Dienstag die Coopers kommen. Da sie bis zum nächsten Montag hier bleiben, geht Caroline vielleicht mit mir zum Ball nach Ashe, obwohl ich eher glaube, sie kommt nicht mit.

Gestern abend tanzte ich zweimal mit Warren und einmal mit Mr. Charles Watkins. Zu meinem unaussprechlichen Erstaunen ist es mir den ganzen Abend gelungen, John Lyford zu entkommen. Ich musste jedoch hart dafür kämpfen. Man servierte ein sehr gutes Abendessen, und das Gewächshaus war auf die eleganteste Weise illuminiert.

Gestern vormittag besuchte uns Mr. Benjamin Portal, dessen Augen so schön sind wie eh und je. Alle warten sehn-

Everybody is extremely anxious for your return, but as you cannot come home by the Ashe ball, I am glad that I have not fed them with false hopes. James danced with Alithea, and cut up the turkey last night with great perseverance. You say nothing of the silk stockings; I flatter myself, therefore, that Charles has not purchased any, as I cannot very well afford to pay for them; all my money is spent in buying white gloves and pink persian. I wish Charles had been at Manydown, because he would have given you some description of my friend, and I think you must be impatient to hear something about him.

Henry is still hankering after the regulars, and as his project of purchasing the adjutancy of the Oxfordshire is now over, he has got a scheme in his head about getting a lieutenancy and adjutancy in the 86th, a new-raised regiment, which he fancies will be ordered to the Cape of Good Hope. I heartily hope that he will, as usual, be disappointed in this scheme. We have trimmed up and given away all the old paper hats of Mamma's manufacture; I hope you will not regret the loss of yours.

After I had written the above, we received a visit from Mr. Tom Lefroy and his cousin George. The latter is really very well-behaved now; and as for the other, he has but *one* fault, which time will, I trust, entirely remove – it is that his morning coat is a great deal too light. He is a very great admirer of Tom Jones, and therefore wears the same coloured clothes, I imagine, which *he* did when he was wounded.

Sunday. By not returning till the 19th, you will exactly contrive to miss seeing the Coopers, which I suppose it is your wish to do. We have heard nothing from Charles for some time. One would suppose they must have sailed by this time, as the wind

süchtig auf Deine Rückkehr, aber da Du bis zum Ball in Ashe nicht nach Hause kommen kannst, bin ich froh, dass ich keine falschen Hoffnungen geweckt habe. James tanzte mit Alithea und zerlegte den Truthahn gestern abend mit großer Ausdauer. Du erwähnst die Seidenstrümpfe nicht; ich entnehme dem mit Genugtuung, dass Charles keine gekauft hat, da ich sie mir gar nicht leisten kann. Ich habe mein ganzes Geld für weiße und persisch rosa Handschuhe ausgegeben. Ich wollte, Charles wäre in Manydown gewesen, dann hätte er Dir eine Vorstellung von meinem Freund geben können. Sicher brennst Du darauf, etwas von ihm zu erfahren.

Henry will immer noch unbedingt Berufssoldat werden, und da sein Vorhaben, die Adjutantenstelle beim Oxfordshire Regiment zu kaufen, gescheitert ist, hat er es sich in den Kopf gesetzt, den Posten eines Leutnants und Adjutanten im 86. Regiment zu bekommen, einem neu aufgestellten Regiment, von dem er glaubt, es wird zum Kap der Guten Hoffnung geschickt. Ich hoffe von Herzen, dass er bei diesem Plan wie üblich eine Enttäuschung erlebt. Wir haben die alten Papierhüte aus Mutters Anfertigung alle hergerichtet und verschenkt; hoffentlich tut es Dir nicht leid, dass Du den Deinen nicht mehr hast.

Nachdem ich das Obige geschrieben hatte, erhielten wir Besuch von Mr. Tom Lefroy und seinem Vetter George. Letzterer kann sich inzwischen wirklich sehr gut benehmen; und was den anderen betrifft, so hat er nur einen Fehler, den der Lauf der Zeit ganz sicher zum Verschwinden bringen wird – sein Rock ist viel zu hell. Er ist ein großer Bewunderer von Tom Jones und kleidet sich deshalb, nehme ich an, in den gleichen Farben, die *dieser* trug, als er verwundet wurde.

Sonntag. Indem Du Deine Rückkehr bis zum 19. aufschiebst, wirst Du es gerade so einrichten, dass du die Coopers nicht mehr triffst – das ist ja wohl Deine Absicht. Wir haben schon seit längerem nichts mehr von Charles gehört. Man sollte annehmen, dass er inzwischen abgesegelt ist, da der Wind so

is so favourable. What a funny name Tom has got for his vessel! But he has no taste in names, as we well know, and I dare say he christened it himself. I am sorry for the Beaches' loss of their little girl, especially as it is the one so much like me.

I condole with Miss M. on her losses and with Eliza on her gains, and am ever yours,

J. A.

günstig steht. Was für einen komischen Namen Tom für sein Schiff gefunden hat! Aber wie wir alle wissen, hat er bei Namen keinen Geschmack. Ganz bestimmt hat er es selbst getauft. Dass die Beaches ihr kleines Mädchen verloren haben, tut mir leid, zumal es die Kleine ist, die mir so ähnlich sah.

Ich spreche Miss M. mein Mitgefühl aus für das, was sie verloren hat, und Eliza für das, was sie gewonnen hat, und bin auf ewig Dein, J. A.

Northanger Abbey

No one who had ever seen Catherine Morland in her infancy would have supposed her born to be an heroine. Her situation in life, the character of her father and mother, her own person and disposition, were all equally against her. Her father was a clergyman, without being neglected or poor, and a very respectable man, though his name was Richard, and he had never been handsome. He had a considerable independence, besides two good livings, and he was not in the least addicted to locking up his daughters. Her mother was a woman of useful plain sense, with a good temper, and, what is more remarkable, with a good constitution. She had three sons before Catherine was born; and, instead of dying in bringing the latter into the world, as anybody might expect, she still lived on – lived to have six children more – to see them growing up around her, and to enjoy excellent health herself. A family of ten children will be always called a fine family, where there are heads, and arms, and legs enough for the number; but the Morlands had little other right to the word, for they were in general very plain, and Catherine, for many years of her life, as plain as any. She had a thin awkward figure, a sallow skin without colour, dark lank hair, and strong features; so much for her person, and not less unpropitious for heroism seemed her mind. She was fond of all boys' plays, and greatly preferred cricket, not merely to dolls, but to the more heroic enjoyments of infancy, nursing a dormouse, feeding a canary-bird, or watering a rose-bush. Indeed she had no taste for a garden, and if she gathered flowers at all, it was chiefly for the pleasure of mischief, at least so it was conjectured

Die Abtei von Northanger

Keiner, der Catherine Morland in ihrer frühen Kindheit kannte, hätte sie für eine geborene Romanheldin gehalten. Alles sprach gleichermaßen gegen sie – ihre Lebensumstände, das Naturell von Vater und Mutter, Aussehen und Veranlagung. Ihr Vater war Pfarrer, ohne jedoch in Armut oder am Rande der Gesellschaft zu leben, dazu ein sehr angesehener Mann, obwohl er Richard hieß; und schön war er auch nie gewesen. Er war finanziell durchaus unabhängig, hatte obendrein zwei Pfründen und war keineswegs dem Trieb verfallen, seine Töchter einzusperren. Ihre Mutter hatte einen aufs Praktische gerichteten gesunden Menschenverstand, eine freundliche Art und, was noch bemerkenswerter ist, eine kräftige Konstitution. Sie hatte schon drei Söhne, bevor Catherine auf die Welt kam; und statt dass sie bei der Geburt der letzteren gestorben wäre, wie man ja erwarten würde, lebte sie einfach weiter – um noch sechs weitere Kinder zu bekommen und sie um sich herum aufwachsen zu sehen und sich dabei selbst ausgezeichneter Gesundheit zu erfreuen. Eine Familie mit zehn Kindern wird man immer eine prächtige Familie nennen, vorausgesetzt, es gibt darin der Zahl entsprechend genug Köpfe, Arme und Beine. Mehr Anrecht auf dieses Prädikat hatten die Morlands jedoch nicht. Sie waren nämlich im allgemeinen recht unansehnlich, und jahrelang war Catherine um kein Haar ansehnlicher. Sie war dünn und ungelenk, hatte eine bleiche farblose Haut, dunkles strähniges Haar und ausgeprägte Gesichtszüge; so viel zu ihrem Aussehen, und auch ihre geistige Veranlagung schien für das Heldentum keine günstigeren Voraussetzungen zu bieten. Sie spielte gerne alle Jungenspiele und mochte Cricket lieber als Puppen, aber auch lieber als die üblichen Lieblingsbeschäftigungen kleiner Heldinnen: eine Haselmaus zu pflegen, einen Kanarienvogel zu füttern oder einen Rosenbusch zu gießen. Für den Garten hatte sie überhaupt nichts übrig, und wenn sie je Blumen pflückte, dann

from her always preferring those which she was forbidden to take. Such were her propensities; her abilities were quite as extraordinary. She never could learn or understand anything before she was taught, and sometimes not even then, for she was often inattentive, and occasionally stupid. Her mother was three months in teaching her only to repeat the 'Beggar's Petition,' and, after all, her next sister Sally could say it better than she did. Not that Catherine was always stupid; by no means; she learnt the fable of 'The Hare and many Friends,' as quickly as any girl in England. Her mother wished her to learn music; and Catherine was sure she should like it, for she was very fond of tinkling the keys of the old forlorn spinnet, so at eight years old she began. She learnt a year and could not bear it; and Mrs. Morland, who did not insist on her daughters being accomplished in spite of incapacity or distaste, allowed her to leave off. The day which dismissed the music-master was one of the happiest of Catherine's life. Her taste for drawing was not superior; though whenever she could obtain the outside of a letter from her mother, or seize upon any other odd piece of paper, she did what she could in that way by drawing houses and trees, hens and chickens, all very much like one another. Writing and accounts she was taught by her father; French by her mother. Her proficiency in either was not remarkable, and she shirked her lessons in both whenever she could. What a strange unaccountable character! for with all these symptoms of profligacy at ten years old, she had neither a bad heart nor a bad temper, was seldom stubborn, scarcely ever quarrelsome, and very kind to the little ones, with few interruptions of tyranny. She was, moreover, noisy and wild, hated confinement and cleanliness, and loved no-

eigentlich nur, um etwas anzustellen; das schloss man jedenfalls daraus, dass sie immer gerade die Blumen pflückte, die sie nicht sollte. Dies waren ihre Neigungen, und ähnlich ungewöhnlich waren ihre Fähigkeiten. Sie konnte nie etwas lernen oder verstehen, bevor man es ihr beibrachte, und manchmal selbst dann nicht, denn sie war oft unaufmerksam und gelegentlich begriffsstutzig. Ihre Mutter brauchte drei Monate, bis sie ihr auch nur beigebracht hatte, «Bettlers Bitte» nachzusprechen, und dann konnte es doch die nächstjüngere Schwester Sally besser aufsagen als sie. Das soll nicht heißen, dass Catherine immer begriffsstutzig war, keineswegs. Sie lernte die Fabel «Der Hase und seine vielen Freunde» so schnell wie jedes andere Mädchen in England. Ihre Mutter wollte sie gerne musizieren lassen, und Catherine glaubte, es würde ihr Spaß machen, weil sie so gerne auf den Tasten des trostlosen alten Spinetts herumklimperte. Also fing sie mit acht Jahren an. Sie hatte ein Jahr Unterricht, dann konnte sie es nicht mehr aushalten. Und da Mrs. Morland nicht darauf bestand, dass ihre Töchter sich gegen ihren Willen oder ihre Neigung irgendwelche Fertigkeiten aneigneten, erlaubte sie ihr, aufzuhören. Der Tag, an dem der Musiklehrer entlassen wurde, war einer der glücklichsten in Catherines Leben. Fürs Zeichnen hatte sie kein besonderes Talent; wenn sie jedoch die Rückseite eines Briefes ihrer Mutter oder sonst irgendein Stück Papier ergattern konnte, dann zeichnete sie, so gut sie konnte, Häuser und Bäume, Hennen und Küken, eines mehr oder weniger wie das andere. Ihr Vater brachte ihr Schreiben und Rechnen bei, die Mutter Französisch. In keinem dieser Fächer war sie besonders gut, sie drückte sich vor den Stunden, so oft es ging. Was für ein seltsamer, unerklärlicher Charakter! Denn obwohl sie im Alter von zehn Jahren schon alle diese Anzeichen von Verworfenheit aufwies, hatte sie weder ein schlechtes Herz noch schlechte Laune, war selten bockig, kaum je streitsüchtig und sehr lieb zu den Kleinen, von gelegentlichen tyrannischen Zwischenspielen abgesehen. Außerdem war sie laut und wild, hasste

thing so well in the world as rolling down the green slope at the back of the house.

Such was Catherine Morland at ten. At fifteen appearances were mending; she began to curl her hair and long for balls, her complexion improved, her features were softened by plumpness and colour, her eyes gained more animation, and her figure more consequence. Her love of dirt gave way to an inclination for finery, and she grew clean as she grew smart; she had now the pleasure of sometimes hearing her father and mother remark on her personal improvement. 'Catherine grows quite a good-looking girl; she is almost pretty today,' were words which caught her ears now and then; and how welcome were the sounds! To look *almost* pretty is an acquisition of higher delight to a girl who has been looking plain the first fifteen years of her life than a beauty from her cradle can ever receive.

Mrs. Morland was a very good woman, and wished to see her children everything they ought to be: but her time was so much occupied in lying-in and teaching the little ones, that her elder daughters were inevitably left to shift for themselves; and it was not very wonderful that Catherine, who had by nature nothing heroic about her, should prefer cricket, base-ball, riding on horseback, and running about the country, at the age of fourteen, to books, or at least books of information, for, provided that nothing like useful knowledge could be gained from them, provided they were all story and no reflexion, she had never any objection to books at all. But from fifteen to seventeen she was in training for a heroine; she read all such works as heroines must read to supply their memories with those quotations which are so serviceable and so soothing in the vicissitudes of their eventful lives.

Eingesperrtsein und Reinlichkeit und tat nichts auf der Welt so gern, wie den grünen Abhang hinterm Haus hinunterzurollen.

So war Catherine Morland mit zehn Jahren. Mit fünfzehn machte ihr Äußeres Fortschritte. Sie fing an, sich Locken ins Haar zu drehen und Lust auf Bälle zu haben. Ihr Teint besserte sich, die Züge verloren an Schärfe, wurden runder und rosiger. Die Augen gewannen an Lebendigkeit, die Figur an Ausstrahlung. Die Vorliebe für Schmutz wich einem Hang zur Eleganz; sowie sie schick wurde, achtete sie auf Sauberkeit. Zu ihrer großen Freude hörte sie jetzt manchmal ihre Eltern sagen, wie gut sie sich herausmachte. «Catherine wird ein richtig nettes Mädchen, sie ist jetzt schon fast hübsch», solche Worte kamen ihr ab und an zu Ohren, und wie gern sie sie vernahm! *Schon fast* hübsch auszusehen ist ein Zugewinn, der einem Mädchen, das die ersten fünfzehn Jahre seines Lebens unansehnlich war, viel mehr Freude macht als einem, das schon in der Wiege eine Schönheit war.

Mrs. Morland war wirklich eine gute Frau und wollte das Beste für ihre Kinder. Allerdings war ihre Zeit so ausgefüllt mit Wochenbetten und Unterricht für die Kleinen, dass die älteren Töchter zwangsläufig sich selbst überlassen blieben. So war es nicht weiter verwunderlich, dass Catherine, die ja von Natur aus nichts von einer Heldin an sich hatte, als Vierzehnjährige eher mit Cricket, Baseball, Reiten und Querfeldeinrennen beschäftigt war als mit Büchern, solchen Büchern jedenfalls, aus denen man etwas lernen konnte; wenn man nämlich kein nützliches Wissen aus ihnen gewinnen konnte, wenn sie nur einfach eine Geschichte erzählten und keine langen Überlegungen anstellten, dann hatte sie gegen Bücher überhaupt nichts einzuwenden. Zwischen fünfzehn und siebzehn allerdings schulte sie sich für das Heldinnenleben. Sie las alle die Bücher, die Heldinnen lesen müssen, damit sie nachher die Zitate im Kopf haben, die in den Wechselfällen ihres ereignisreichen Lebens so nützlich und so wohltuend sind.

From Pope, she learnt to censure those who
'bear about the mockery of woe.'

From Gray, that
'Many a flower is born to blush unseen,
And waste its sweetness on the desert air.

From Thomson, that it is a
'Delightful task ...
To teach the young idea how to shoot.'

And from Shakespeare she gained a great store of information: amongst the rest, that
'trifles light as air,
Are, to the jealous, confirmations strong
As proofs of Holy Writ.'

That
'The poor beetle, that we tread upon,
In corporal sufferance finds a pang as great
As when a giant dies.'

And that a young woman in love always looks
'like Patience on a monument
Smiling at Grief.'

So far her improvement was sufficient, and in many other points she came on exceedingly well; for though she could not write sonnets, she brought herself to read them; and though there seemed no chance of her throwing a whole party into raptures by a prelude on the piano-forte of her own composition, she could listen to other people's performance with very little fatigue. Her greatest deficiency was in the pencil – she had no notion of drawing – not enough even to attempt a sketch of her lover's profile, that she might be detected in the design. There she fell miserably short of the true heroic height. At present she did

Von Pope lernte sie, diejenigen zu verurteilen, die
«sich lustig machen über Schmerz und Leid.»

Von Gray, dass
«manch Blume muss im Unsichtbaren blühn,
vergeuden ihre Süße in der Wüstenglut.»

Von Thomson, es sei eine
«lustvolle Mühe …
dem jungen Einfall Sprießen beizubringen.»

Und bei Shakespeare erntete sie einen großen Wissensschatz; unter anderem, dass,
«Flausen, leicht wie Luft,
dem Eifersüchtigen Beweise sind,
wie Bibelworte.»

Dass
«der arme Käfer, den wir dort zertreten,
so großen körperlichen Schmerz erleidet
wie wenn ein Riese stirbt.»

Und dass eine verliebte junge Frau immer aussieht
«wie die Geduld auf einem Stein,
den Gram belächelnd».

Soweit waren ihre Fortschritte zufriedenstellend, und auch in anderen Dingen entwickelte sie sich prächtig. Obwohl sie nämlich selbst keine Sonette schreiben konnte, war sie doch bereit, sie zu lesen; und wenn es ihr auch nicht gegeben war, mit einem selbstkomponierten Präludium auf dem Klavier eine ganze Gesellschaft in Entzücken zu versetzen, so konnte sie doch ohne große Anzeichen von Müdigkeit anderen Leuten zuhören. Am wenigsten konnte sie mit dem Stift anfangen – sie hatte keine Ahnung vom Zeichnen; nicht einmal so viel, dass man sie bei dem Versuch ertappen konnte, ihren Verehrer im Profil zu zeichnen. Hier blieb sie ganz jämmerlich hinter wahrer Heldinnengröße zurück. Im Augenblick

not know her own poverty, for she had no lover to portray. She had reached the age of seventeen without having seen one amiable youth who could call forth her sensibility: without having inspired one real passion, and without having excited even any admiration but what was very moderate and very transient. This was strange indeed! But strange things may be generally accounted for if their cause be fairly searched out. There was not one lord in the neighbourhood; no, not even a baronet. There was not one family among their acquaintance who had reared and supported a boy accidentally found at their door; not one young man whose origin was unknown. Her father had no ward, and the squire of the parish no children.

But when a young lady is to be a heroine, the perverseness of forty surrounding families cannot prevent her. Something must and will happen to throw a hero in her way.

Mr. Allen, who owned the chief of the property about Fullerton, the village in Wiltshire where the Morlands lived, was ordered to Bath for the benefit of a gouty constitution; and his lady, a good-humoured woman, fond of Miss Morland, and probably aware that, if adventures will not befall a young lady in her own village, she must seek them abroad, invited her to go with them. Mr. and Mrs. Morland were all compliance, and Catherine all happiness.

*

Every morning now brought its regular duties; shops were to be visited, some new part of the town to be looked at, and the Pump Room to be attended, where they paraded up and down for an hour, looking at everybody and speaking to no one. The wish of a numerous acquaintance in Bath was still uppermost

wusste sie allerdings noch gar nicht, was ihr fehlte, da sie gar keinen Verehrer zum Portraitieren hatte. Sie hatte das Alter von siebzehn Jahren erreicht, ohne einen einzigen liebenswerten jungen Mann gesehen zu haben, der ihre Gefühle erweckt hätte; ohne Anlass für einen einzigen Fall echter Leidenschaft gewesen zu sein, ja ohne auch nur mehr als durchschnittliche und flüchtige Bewunderung erregt zu haben. Das war nun wirklich eigenartig! Eigenartiges lässt sich allerdings meist erklären, wenn man die Gründe genau untersucht. Es gab keinen einzigen Lord in der Gegend, nicht einmal einen Baronet. Es gab keine einzige Familie in ihrer Bekanntschaft, die einen auf ihrer Schwelle aufgefundenen Knaben aufgezogen und in ihre Obhut genommen hatte; keinen einzigen jungen Mann unbekannter Herkunft. Ihr Vater hatte kein Mündel, und der Gutsherr in der Gemeinde keine Kinder.

Soll jedoch eine junge Lady eine Romanheldin werden, dann kann nicht einmal die Verstocktheit von vierzig umgebenden Familien sie aufhalten. Es muss und wird etwas geschehen, damit ihr ein Held über den Weg läuft.

Mr. Allen, der größte Landbesitzer in der Gegend von Fullerton, dem Dorf in Wiltshire, wo die Morlands wohnten, wurde seiner gichtigen Verfassung wegen nach Bath geschickt; und seine Gattin, eine gutmütige Frau, die Miss Morland ins Herz geschlossen hatte und wahrscheinlich wusste, dass eine junge Dame, die in ihrem eigenen Dorf keine Abenteuer erlebt, dieselben eben draußen suchen muss, lud sie ein, sie zu begleiten. Mr. und Mrs. Morland waren von Herzen einverstanden, und Catherine war von Herzen glücklich.

*

Jeder Vormittag brachte nun regelmäßig seine Pflichten mit sich. Man hatte Läden zu besuchen, eine Stadtbesichtigung zu machen und in der Brunnenhalle zu erscheinen, wo man eine Stunde lang auf und ab spazierte. Dabei besah man sich alle andern und sprach mit keinem. Es war immer noch Mrs. Allens sehnlichster Wunsch, möglichst viele Leute in Bath zu

with Mrs. Allen, and she repeated it after every fresh proof, which every morning brought, of her knowing nobody at all.

They made their appearance in the Lower Rooms; and here fortune was more favourable to our heroine. The master of the ceremonies introduced to her a very gentleman-like young man as a partner; his name was Tilney. He seemed to be about four or five and twenty, was rather tall, had a pleasing countenance, a very intelligent and lively eye, and, if not quite handsome, was very near it. His address was good, and Catherine felt herself in high luck. There was little leisure for speaking while they danced; but when they were seated at tea she found him as agreeable as she had already given him credit for being. He talked with fluency and spirit, and there was an archness and pleasantry in his manner which interested, though it was hardly understood by her. After chatting some time on such matters as naturally arose from the objects around them, he suddenly addressed her with –

'I have hitherto been very remiss, madam, in the proper attentions of a partner here; I have not yet asked you how long you have been in Bath, whether you were ever here before, whether you have been at the Upper Rooms, the theatre, and the concert, and how you like the place altogether. I have been very negligent; but are you now at leisure to satisfy me in these particulars? If your are, I will begin directly.'

'You need not give yourself that trouble, sir.'

'No trouble, I assure you, madam.' Then forming his features into a set smile, and affectedly softening his voice, he added, with a simpering air,

'Have you been long in Bath, madam?'

'About a week, sir,' replied Catherine, trying not to laugh.

'Really!' with affected astonishment.

kennen, ein Wunsch, den sie jedes Mal wiederholte, wenn sich bestätigte – was jeden Morgen geschah –, dass sie keine Menschenseele kannte.

Sie zeigten sich in den Unteren Gesellschaftsräumen. Und hier war nun das Schicksal unserer Heldin gnädiger gesinnt. Der Zeremonienmeister stellte ihr einen jungen Mann als Partner vor, einen Gentleman von Kopf bis Fuß. Sein Name war Tilney. Er war etwa vier- oder fünfundzwanzig, ziemlich groß, mit angenehmen Zügen, klugen und lebhaften Augen, und sah, wenn auch nicht vollkommen, so doch fast tadellos aus. Er hatte ein gewandtes Auftreten, und Catherine pries sich glücklich. Während sie tanzten, hatten sie kaum Zeit zu sprechen; aber als sie beim Tee saßen, fand sie ihn so angenehm wie erwartet. Er sprach mit lebhafter Gewandtheit und hatte einen spitzbübischen Witz, der sie anzog, wenn sie ihn auch nicht ganz durchschaute. Nachdem sie eine Weile über Naheliegendes geplaudert hatten, sprach er sie plötzlich mit folgenden Worten an:

«Ich bin bislang sehr säumig gewesen in den Aufmerksamkeiten, die man hier einer Partnerin schuldet. Ich habe Sie noch gar nicht gefragt, seit wann Sie in Bath sind, ob Sie früher schon einmal hier waren, ob Sie schon die Oberen Gesellschaftsräume, das Theater oder das Konzert besucht haben und wie es Ihnen hier insgesamt gefällt. Ich bin sehr nachlässig gewesen. Aber vielleicht haben Sie jetzt Zeit und Muße, um mich in all diesen Dingen aufzuklären? Dann fange ich nämlich gleich an.»

«Die Mühe müssen Sie sich nicht machen, Sir.»

«Das ist keine Mühe, Madam, das versichere ich Ihnen.» Dann setzte er ein förmliches Lächeln auf, gab seiner Stimme einen gekünstelt weichen Ton und sprach sehr affektiert weiter:

«Sind Sie schon lange in Bath, Madam?»

«Etwa eine Woche, Sir», entgegnete Catherine, während sie ein Lachen unterdrückte.

«Tatsächlich!» Gekünsteltes Erstaunen.

'Why should you be surprised, sir?'

'Why indeed?' said he, in his natural tone; 'but some emotion must appear to be raised by your reply, and surprise is more easily assumed, and not less reasonable, than any other. Now let us go on. Were you never here before, madam?'

'Never, sir.'

'Indeed! Have you yet honoured the Upper Rooms?'

'Yes, sir; I was there last Monday.'

'Have you been to the theatre?'

'Yes, sir; I was at the play on Tuesday.'

'To the concert?

'Yes, sir; on Wednesday.'

'And are you altogether pleased with Bath?'

'Yes; I like it very well.'

'Now I must give one smirk, and then we may be rational again.'

Catherine turned away her head, not knowing whether she might venture to laugh.

'I see what you think of me,' said he gravely; 'I shall make but a poor figure in your journal to-morrow.'

'My journal!'

'Yes; I know exactly what you will say: – "Friday, went to the Lower Rooms; wore my sprigged muslin robe with blue trimmings, plain black shoes; appeared to much advantage, but was strangely harassed by a queer half-witted man, who would make me dance with him, and distressed me by his nonsense."'

'Indeed I shall say no such thing.'

'Shall I tell you what you ought to say?'

'If you please.'

'I danced with a very agreeable young man, introduced by Mr. King; had a great deal of con-

«Warum überrascht Sie das so, Sir?»

«Ja warum eigentlich?» sagte er in natürlichem Ton, «aber irgendeine Gemütsbewegung muss Ihre Antwort ja ausgelöst haben, und Überraschung lässt sich am einfachsten darstellen und ist nicht unsinniger als irgendeine andere. Aber jetzt machen wir weiter. Sind Sie noch nie hier gewesen, Madam?»

«Nein, noch nie, Sir.»

«Tatsächlich! Haben Sie schon die Oberen Gesellschaftsräume beehrt?»

«Ja, Sir, ich war letzten Montag dort.»

«Sind Sie schon im Theater gewesen?»

«Ja, Sir, ich habe mir am Dienstag ein Stück angesehen.»

«Und im Konzert?»

«Ja, Sir, am Mittwoch.»

«Und gefällt es Ihnen hier in Bath»?

«Ja, es gefällt mir sehr gut.»

«Jetzt muss ich noch einmal grinsen, und dann können wir wieder vernünftig sein.»

Catherine wandte den Kopf ab, weil sie nicht wusste, ob sie es wagen durfte zu lachen.

«Es ist mir klar, was Sie von mir denken», sagte er ernst. «Ich werde morgen in Ihrem Tagebuch eine ziemlich schlechte Figur abgeben.»

«In meinem Tagebuch!»

«Ja, ich weiß genau, was Sie schreiben werden: ‚Freitag; ging in die Unteren Gesellschaftsräume; trug mein geblümtes Musselinkleid mit blauem Besatz, schlichte schwarze Schuhe; machte einen sehr guten Eindruck, wurde aber auf merkwürdige Weise belästigt von einem komischen Idioten, der mich drängte, mit ihm zu tanzen, und mich mit seinem Unsinn zur Verzweiflung brachte.›»

«So etwas schreibe ich auf keinen Fall.»

«Soll ich Ihnen sagen, was Sie schreiben sollten?»

«Bitte sehr.»

«‹Ich tanzte mit einem sehr angenehmen jungen Mann, der mir von Mr. King vorgestellt wurde; unterhielt mich aus-

versation with him; seems a most extraordinary genius; hope I may know more of him. *That*, madam, is what I *wish* you to say.'

'But perhaps I keep no journal.'

'Perhaps you are not sitting in this room, and I am not sitting by you. These are points in which a doubt is equally possible. Not keep a journal! How are your absent cousins to understand the tenour of your life in Bath without one? How are the civilities and compliments of every day to be related as they ought to be unless noted down every evening in a journal? How are your various dresses to be remembered, and the particular state of your complexion, and curl of your hair to be described in all their diversities, without having constant recourse to a journal? My dear madam, I am not so ignorant of young ladies' ways as you wish to believe me. It is this delightful habit of journalizing which largely contributes to form the easy style of writing for which ladies are so generally celebrated. Everybody allows that the talent of writing agreeable letters is peculiarly female. Nature may have done something, but I am sure it must be essentially assisted by the practice of keeping a journal.'

'I have sometimes thought,' said Catherine, doubtingly, 'whether ladies *do* write so much better letters than gentlemen. That is, I should not think the superiority was always on our side.'

'As far as I have had opportunity of judging it appears to me that the usual style of letter-writing among women is faultless, except in three particulars.'

'And what are they?'

'A general deficiency of subject, a total inattention to stops, and a very frequent ignorance of grammar.'

'Upon my word, I need not have been afraid of

führlich mit ihm; scheint ein ganz außergewöhnliches Genie zu sein; hoffe, ihn näher kennenzulernen.› Dass Sie das schreiben, Madam, *das* würde ich mir *wünschen.*»

«Aber vielleicht führe ich gar kein Tagebuch.»

«Vielleicht sitzen Sie nicht in diesem Raum, und ich sitze nicht neben Ihnen. Das sind Fakten, die man mit dem gleichen Recht in Zweifel ziehen kann. Kein Tagebuch führen! Wie sollen Ihre fernen Cousinen sich ein Bild davon machen, wie Sie hier in Bath leben, ohne ein Tagebuch? Wie sollen denn die täglichen Höflichkeiten und Komplimente berichtet werden, wie sich das gehört, wenn sie nicht allabendlich im Tagebuch festgehalten werden? Wie sollen denn Ihre verschiedenen Kleider in Erinnerung bleiben, und wie soll der jeweilige Zustand Ihres Teints und der Lockenfrisur in allen Feinheiten beschrieben werden, ohne dass Sie jederzeit ein Tagebuch zu Hilfe nehmen können? Gnädige Frau, ich bin nicht so unwissend, wie Sie mich einzuschätzen belieben, was die Gewohnheiten junger Damen betrifft. Es ist ja gerade die entzückende Gewohnheit, ein Tagebuch zu führen, die einen großen Beitrag zur Herausbildung jenes flüssigen Schreibstils leistet, für den die Damen landauf landab gepriesen werden. Jedermann gibt zu, dass die Gabe, hübsche Briefe zu schreiben, eine speziell weibliche ist. Die Natur mag ihr Teil dazu beigetragen haben, aber meiner Meinung nach wird sie ganz wesentlich gefördert durch regelmäßiges Tagebuchschreiben.»

«Ich frage mich manchmal», sagte Catherine zweifelnd, «ob die Damen wirklich so viel bessere Briefe als die Herren schreiben. Das heißt, ich bin nicht ganz sicher, dass wir immer die Überlegenen sind.»

«Soweit ich hier Gelegenheit hatte, mir ein Urteil zu bilden, scheint mir der unter Frauen gepflegte Briefstil untadelig zu sein, von drei Punkten abgesehen.»

«Und die wären?»

«Allgemeiner Mangel an Themen, völlige Vernachlässigung der Satzzeichen und sehr oft Unkenntnis der Grammatik.»

«Meine Güte, ich hätte mir keine Sorgen zu machen brau-

disclaiming the compliment! You do not think too highly of us in that way.'

'I should no more lay it down as a general rule that women write better letters than men, than that they sing better duets, or draw better landscapes. In every power of which taste is the foundation, excellence is pretty fairly divided between the sexes.'

They were interrupted by Mrs. Allen. 'My dear Catherine,' said she, 'do take this pin out of my sleeve. I am afraid it has torn a hole already. I shall be quite sorry if it has, for this is a favourite gown, though it cost but nine shillings a yard.'

'That is exactly what I should have guessed it, madam,' said Mr. Tilney, looking at the muslin.

'Do you understand muslins, sir?'

'Particularly well; I always buy my own cravats, and am allowed to be an excellent judge; and my sister has often trusted me in the choice of a gown. I bought one for her the other day, and it was pronounced to be a prodigious bargain by every lady who saw it. I gave but five shillings a yard for it, and a true Indian muslin.'

Mrs. Allen was quite struck by his genius. 'Men commonly take so little notice of those things,' said she. 'I can never get Mr. Allen to know one of my gowns from another. You must be a great comfort to your sister, sir.'

'I hope I am, madam.'

'And pray, sir, what do you think of Miss Morland's gown?'

'It is very pretty, madam,' said he, gravely examining it; 'but I do not think it will wash well. I am afraid it will fray.'

'How can you,' said Catherine, laughing, 'be so –?' she had almost said 'strange'.

chen, wie ich das Kompliment abwehre! Sie haben in dieser Beziehung keine allzu hohe Meinung von uns.»

«Dass Frauen besser Briefe schreiben als Männer, würde ich genauso wenig zur allgemeinen Regel erklären, wie dass sie besser Duette singen oder besser Landschaften zeichnen. Bei allen Fertigkeiten, die sich auf Geschmack gründen, ist Talent ziemlich gerecht zwischen den Geschlechtern verteilt.»

Sie wurden von Mrs. Allen unterbrochen. «Meine liebe Catherine», sagte sie, «zieh doch bitte diese Nadel aus meinem Ärmel. Sie hat schon ein Loch hineingerissen, fürchte ich. Das täte mir sehr leid, denn das ist eins meiner Lieblingskleider, auch wenn es nur neun Schilling den Meter gekostet hat.»

«Genau diesen Preis hätte ich geschätzt, Madam», sagte Mr. Tilney, während er den Musselin betrachtete.

«Verstehen Sie etwas von Musselin, Sir?»

«Sehr viel sogar; ich kaufe meine Krawatten immer selbst und gelte als hervorragender Kenner. Und meine Schwester hat sich bei der Auswahl eines Kleides schon oft auf mich verlassen. Kürzlich habe ich eins für sie gekauft, und bei seinem Anblick erklärten alle Damen, es sei ein ungeheuer günstiger Kauf gewesen. Ich habe nur fünf Schilling den Meter bezahlt, und dabei ist es echter indischer Musselin.»

Mrs. Allen war tief beeindruckt von diesem Genie. «Normalerweise kümmern sich Männer um so etwas nicht», sagte sie. «Ich bringe Mr. Allen nicht einmal so weit, dass er meine Kleider auseinanderhalten kann. Sie müssen Ihrer Schwester eine große Stütze sein, Sir.»

«Das hoffe ich, Madam.»

«Und mit Verlaub, Sir, was halten Sie von Miss Morlands Kleid?»

«Es ist sehr hübsch, Madam», sagte er und prüfte es mit großem Ernst, «aber es wird sich wohl nicht gut waschen. Ich fürchte, es franst aus.»

«Aber wie können Sie nur so …», lachte Catherine und hätte beinahe «komisch sein» gesagt.

'I am quite of your opinion, sir,' replied Mrs. Allen; 'and so I told Miss Morland when she bought it.'

'But then you know, madam, muslin always turns to some account or other; Miss Morland will get enough out of it for a handkerchief, or a cap, or a cloak. Muslin can never be said to be wasted. I have heard my sister say so forty times, when she has been extravagant in buying more than she wanted, or careless in cutting it to pieces.'

'Bath is a charming place, sir; there are so many good shops here. We are sadly off in the country: not but what we have very good shops in Salisbury, but it is so far to go; eight miles is a long way. Mr. Allen says it is nine, measured nine; but I am sure it cannot be more than eight; and it is such a fag; I come back tired to death. Now, here one can step out of doors, and get a thing in five minutes.'

Mr. Tilney was polite enough to seem interested in what she said; and she kept him on the subject of muslin till the dancing recommenced. Catherine feared as she listened to their discourse, that he indulged himself a little too much with the foibles of others. 'What are you thinking of so earnestly?' said he, as they walked back to the ball-room; 'not of your partner, I hope, for by that shake of the head, your meditations are not satisfactory.'

Catherine coloured, and said, 'I was not thinking of anything.'

'That is artful and deep, to be sure; but I had rather be told at once that you will not tell me.'

'Well, then, I will not.'

'Thank you; for now we shall soon be acquainted, as I am authorized to tease you on this subject whenever we meet, and nothing in the world advances intimacy so much.'

They danced again; and when the assembly closed,

«Ich bin ganz Ihrer Meinung, Sir», entgegnete Mrs. Allen; «und das habe ich Miss Morland beim Einkaufen auch gesagt.»

«Aber wissen Sie, Madam, Musselin kann man immer zu irgendetwas verwenden. Es reicht Miss Morland dann immer noch für ein Tuch, eine Haube oder einen Umhang. Musselin hat man nie umsonst gekauft. Das habe ich meine Schwester schon vierzigmal sagen hören, wenn sie so verschwenderisch war, zu viel zu kaufen, oder so unvorsichtig, ihn zu verschneiden.»

«Bath ist ein reizender Ort, Sir. Hier gibt es so viele Geschäfte. Auf dem Land sind wir ganz arm dran. Nicht dass wir in Salisbury keine guten Geschäfte hätten, aber es ist weit weg; acht Meilen ist weit. Mr. Allen sagt, es sind neun, exakt neun. Aber meiner Meinung nach können es nicht mehr als acht sein. Und es ist so eine Schinderei. Ich bin immer zu Tode erschöpft, wenn ich zurückkomme. Und hier geht man einfach aus dem Haus und bekommt alles in fünf Minuten.»

Mr. Tilney zeigte aus Höflichkeit Interesse an dem, was sie erzählte. Sie hielt ihn mit dem Thema Musselin in Atem, bis wieder getanzt wurde. Während Catherine dem Gespräch zuhörte, hatte sie den Eindruck, er amüsiere sich zu sehr über die Schrullen der andern. «Worüber machen Sie sich so tiefe Gedanken?» fragte er, als sie zurück in den Ballsaal schritten, «nicht über Ihren Partner, wie ich hoffe, denn dieses Kopfschütteln zeigt, dass Ihre Überlegungen zu keinem befriedigenden Ergebnis führen.»

Catherine errötete und sagte: «Ich habe an gar nichts gedacht.»

«Sehr raffiniert und tiefgründig; aber es wäre mir lieber, Sie gäben gleich zu, dass Sie es mir nicht sagen wollen.»

«Also gut, ich sage es nicht.»

«Vielen Dank; jetzt sind wir bald gute Bekannte, da ich nun das Recht habe, Sie jedesmal, wenn wir uns treffen, mit dieser Sache aufzuziehen, und nichts auf der Welt fördert besser die Vertraulichkeit.»

Sie tanzten erneut und trennten sich am Ende der Veran-

parted on the lady's side at least, with a strong inclination for continuing the acquaintance. Whether she thought of him so much, while she drank her warm wine and water, and prepared herself for bed, as to dream of him when there, cannot be ascertained, but I hope it was no more than in a slight slumber, or a morning doze at most; for if it be true, as a celebrated writer has maintained, that no young lady can be justified in falling in love before the gentleman's love is declared, it must be very improper that a young lady should dream of a gentleman before the gentleman is first known to have dreamt of her. How proper Mr. Tilney might be as a dreamer or a lover, had not yet, perhaps, entered Mr. Allen's head, but that he was not objectionable as a common acquaintance for his young charge, he was on inquiry satisfied; for he had early in the evening taken pains to know who her partner was, and had been assured of Mr. Tilney's being a clergyman, and of a very respectable family in Gloucestershire.

*

The following conversation, which took place between the two friends in the Pump Room one morning, after an acquaintance of eight or nine days, is given as a specimen of their very warm attachment, and of the delicacy, discretion, originality of thought, and literary taste which marked the reasonableness of that attachment.

They met by appointment; and as Isabella had arrived nearly five minutes before her friend, her first address naturally was: 'My dearest creature, what can have made you so late? I have been waiting for you at least this age!'

staltung mit dem dringenden Wunsch, die Bekanntschaft fortzusetzen – zumindest von Seiten der Dame. Ob sie allerdings, als sie ihren warmen Wein mit Wasser trank und sich fürs Bett zurechtmachte, so sehr an ihn dachte, dass sie in diesem dann auch von ihm träumte, lässt sich nicht nachweisen, aber ich hoffe, es war allenfalls in leichtem Schlummer oder höchstens im Morgenschlaf. Denn wenn es stimmt, was ein berühmter Autor behauptet, dass nämlich keine junge Dame das Recht hat, sich zu verlieben, bevor der junge Herr seine Liebe erklärt hat, dann muss es höchst unschicklich für eine junge Dame sein, von dem jungen Herrn zu träumen, bevor klar ist, dass dieser von ihr geträumt hat. Wie schicklich Mr. Tilney sich als Träumer oder Verliebter benahm, darüber zerbrach sich Mr. Allen wohl noch nicht den Kopf. Aber dass gegen dessen Bekanntschaft mit seinem jungen Schützling nichts einzuwenden war, dessen hatte er sich durch Nachfrage versichert. Er hatte sich nämlich schon zu Beginn des Abends bemüht herauszufinden, wer ihr Partner war, und die gesicherte Auskunft erhalten, Mr. Tilney sei Pfarrer und entstamme einer sehr angesehenen Familie in Gloucestershire.

*

In Bath lernt Catherine Morland Isabella Thorpe kennen.

Das folgende Gespräch der beiden, das eines Morgens in der Brunnenhalle stattfand, acht oder neun Tage, nachdem sie sich kennengelernt hatten, wird hier wiedergegeben, um beispielhaft die innige Zuneigung der beiden zu zeigen, dazu die Empfindsamkeit, das Urteilsvermögen, die Originalität des Denkens und den literarischen Geschmack, was zeigt, wie sehr diese Zuneigung auf Vernunft gegründet war.

Sie hatten sich verabredet; und da Isabella fast fünf Minuten vor der Freundin gekommen war, begrüßte sie diese selbstverständlich wie folgt: «Allerliebste, was kann dich nur so lange aufgehalten haben? Ich warte hier schon eine Ewigkeit auf dich!»

'Have you, indeed? I am very sorry for it, but really I thought I was in very good time. It is but just one. I hope you have not been here long?'

'Oh! these ten ages at least. I am sure I have been here this half-hour. But now, let us go and sit down at the other end of the room and enjoy ourselves. I have an hundred things to say to you. In the first place, I was so afraid it would rain this morning just as I wanted to set off; it looked very showery, and that would have thrown me into agonies! Do you know I saw the prettiest hat you can imagine in a shop window in Milsom Street just now; very like yours, only with coquelicot ribands instead of green; I quite longed for it. But, my dearest Catherine, what have you been doing with yourself all this morning? Have you gone on with *Udolpho*?

'Yes, I have been reading it ever since I woke; and I am got to the black veil.'

'Are you, indeed? How delightful! Oh! I would not tell you what is behind the black veil for the world! Are not you wild to know?'

'Oh! yes, quite; what can it be? But do not tell me: I would not be told upon any account. I know it must be a skeleton; I am sure it is Laurentina's skeleton. Oh! I am delighted with the book! I should like to spend my whole life in reading it, I assure you; if it had not been to meet you, I would not have come away from it for all the world.'

'Dear creature, how much I am obliged to you; and when you have finished *Udolpho*, we will read the Italian together; and I have made out a list of ten or twelve more of the same kind for you.'

'Have you, indeed? How glad I am! What are they all?'

'I will read you their names directly; here they are in my pocket-book. *Castle of Wolfenbach, Clermont, Mysterious Warnings, Necromancer of the Black*

«Ist das wahr? Das tut mir sehr leid, aber ich habe wirklich gedacht, ich sei ganz pünktlich. Es ist gerade erst ein Uhr. Ich hoffe, du bist noch nicht lange hier?»

«Oh! Seit Äonen. Ich bin bestimmt schon eine halbe Stunde hier. Jetzt gehen wir aber und setzen uns drüben auf der anderen Seite hin und amüsieren uns. Ich habe dir unendlich viel zu erzählen. Erstens hatte ich so schreckliche Angst, es könnte regnen heute morgen, gerade als ich gehen wollte. Es sah ganz nach Regen aus, und das hätte mich absolut zur Verzweiflung gebracht. Und dann, weißt du, habe ich soeben den schönsten Hut, den du dir vorstellen kannst, in einem Schaufenster in der Milsom Street gesehen; fast wie deiner, nur waren die Bänder mohnrot statt grün. Ich hätte ihn zu gerne gehabt. Aber, liebste Catherine, was hast du denn den ganzen Morgen gemacht? Bist du mit *Udolpho* weitergekommen?»

«Ja, ich habe seit dem Aufwachen gelesen; und jetzt bin ich beim schwarzen Schleier.»

«Ach, wirklich? Wie wunderbar! Oh! Um nichts auf der Welt würde ich dir verraten, was hinter dem schwarzen Schleier steckt. Willst du das nicht wahnsinnig gern wissen?»

«Aber ja, und wie! Was kann das nur sein? Aber sag es mir nicht: ich will es auf keinen Fall erfahren. Ich weiß, es muss ein Skelett sein; bestimmt ist es Laurentinas Skelett. Oh! Ich bin begeistert von dem Buch! Glaub mir, am liebsten würde ich mein ganzes Leben mit Lesen verbringen; wäre ich nicht mit dir verabredet gewesen, hätte mich nichts auf der Welt davon weggebracht.»

«Oh mein Liebes, wie bin ich dir dankbar; und wenn du *Udolpho* fertig hast, dann lesen wir den Italiener zusammen; und dann habe ich für dich noch eine Liste von zehn oder zwölf ähnlichen Büchern zusammengestellt.»

«Wirklich? Wie mich das freut! Und was sind das für welche?»

«Ich lese dir die Titel gleich vor; hier sind sie, in meinem Notizbuch. *Das Schloss von Wolfenbach, Clermont, Geheimnisvolle Warnung, Der Totenbeschwörer aus dem Schwarz-*

Forest, Midnight Bell, Orphan of the Rhine, and *Horrid Mysteries.* Those will last us some time.'

'Yes; pretty well; but are they all horrid? Are you sure they are all horrid?'

'Yes, quite sure; for a particular friend of mine, a Miss Andrews, a sweet girl, one of the sweetest creatures in the world, has read every one of them. I wish you knew Miss Andrews, you would be delighted with her. She is netting herself the sweetest cloak you can conceive. I think her as beautiful as an angel, and I am so vexed with the men for not admiring her! I scold them all amazingly about it.'

'Scold them! Do you scold them for not admiring her?'

'Yes, that I do. There is nothing I would not do for those who are really my friends. I have no notion of loving people by halves; it is not my nature. My attachments are always excessively strong. I told Captain Hunt, at one of our assemblies this winter, that if he was to tease me all night, I would not dance with him, unless he would allow Miss Andrews to be as beautiful as an angel. The men think us incapable of real friendship, you know, and I am determined to show them the difference. Now, if I were to hear anybody speak slightingly of you, I should fire up in a moment: but that is not at all likely, for *you* are just the kind of girl to be a great favourite with the men.'

'Oh, dear!' cried Catherine, colouring, 'how can you say so?'

'I know you very well; you have so much animation, which is exactly what Miss Andrews wants; for I must confess there is something amazingly insipid about her. Oh! I must tell you, that, just after we parted yesterday, I saw a young man looking at you so earnestly; I am sure he is in love with you.' Catherine coloured,

wald, Mitternachtsglocken, Das Waisenkind vom Rhein und *Schreckliche Geheimnisse*. Damit sind wir eine Weile beschäftigt.»

«Ja, bestimmt; aber sind die alle gruselig? Sind sie ganz bestimmt gruselig?»

«Ganz bestimmt; denn eine besonders gute Freundin von mir, Miss Andrews, ein süßes Mädchen, eines der süßesten Geschöpfe auf der Welt, die hat sie alle gelesen. Wenn du sie nur kennen würdest – du wärst entzückt von ihr. Sie knüpft sich gerade den süßesten Umhang, den du dir vorstellen kannst. Ich finde, sie ist schön wie ein Engel, und ich bin so wütend auf die Männer, weil sie sie nicht bewundern! Ich schimpfe die Männer deswegen wahnsinnig aus.»

«Schimpfst sie aus! Du schimpfst sie aus, weil sie sie nicht bewundern?»

«Ja, genau; es gibt nichts, was ich nicht für eine echte Freundin täte. Ich halte nichts davon, die Leute nur mit halbem Herzen zu lieben; das liegt nicht in meiner Natur. Meine Zuneigung ist immer unermesslich. Im Winter, bei einer unserer Gesellschaften, da sagte ich Captain Hunt, er könne mich von mir aus den ganzen Abend bedrängen, ich würde doch nicht mit ihm tanzen, wenn er nicht zugebe, dass Miss Andrews schön wie ein Engel ist. Die Männer glauben, wir seien zu echter Freundschaft nicht in der Lage, weißt du, und ich bin entschlossen, ihnen zu zeigen, dass das nicht stimmt. Wenn ich zum Beispiel von irgendjemand ein abfälliges Wort über dich hören würde, dann ginge ich sofort in die Luft. Aber das ist ganz unwahrscheinlich, denn *du* bist genau die Art Mädchen, die die Männer besonders gern mögen.»

«Aber nein doch!» rief Catherine und errötete, «wie kannst du so etwas sagen?»

«Ich kenne dich sehr gut; du bist so lebendig; und genau das fehlt Miss Andrews. Ich muss dir nämlich gestehen, dass sie etwas wahnsinnig Fades an sich hat. Oh! Ich muss dir noch erzählen, gestern, nachdem wir uns getrennt hatten, habe ich einen jungen Mann gesehen, der dich dermaßen ernsthaft

and disclaimed again. Isabella laughed. 'It is very true, upon my honour; but I see how it is: you are indifferent to everybody's admiration, except that of one gentleman, who shall be nameless. Nay, I cannot blame you' (speaking more seriously) – 'your feelings are easily understood. Where the heart is really attached, I know very well how little one can be pleased with the attention of anybody else. Everything is so insipid, so uninteresting, that does not relate to the beloved object! I can perfectly comprehend your feelings.'

'But you should not persuade me that I think so very much about Mr. Tilney, for perhaps I may never see him again.'

'Not see him again! My dearest creature, do not talk of it. I am sure you would be miserable if you thought so.'

'No, indeed; I should not. I do not pretend to say that I was not very much pleased with him; but while I have *Udolpho* to read, I feel as if nobody could make me miserable. Oh! the dreadful black veil! My dear Isabella, I am sure there must be Laurentina's skeleton behind it.'

'It is so odd to me, that you should never have read *Udolpho* before; but I suppose Mrs. Morland objects to novels.'

'No, she does not. She very often reads *Sir Charles Grandison* herself; but new books do not fall in our way.'

'*Sir Charles Grandison*! That is an amazing horrid book, is it not? I remember Miss Andrews could not get through the first volume.'

'It is not like *Udolpho* at all; but yet I think it is very entertaining.'

'Do you indeed? you surprise me; I thought it had not been readable. But, my dearest Catherine, have you settled what to wear on your head tonight? I am determined, at all events, to be dressed exactly like

angeschaut hat; der ist bestimmt in dich verliebt.» Catherine errötete und wehrte wieder ab. Isabella lachte. «Es ist aber wirklich wahr, Ehrenwort. Aber ich sehe schon, wie es steht. Du bist gleichgültig gegenüber der Bewunderung aller, mit Ausnahme des einen Herren, der nicht genannt werden soll. Nein, ich mache dir keinen Vorwurf» (nun in ernsthafterem Ton) – «aber deine Gefühle sind leicht zu begreifen. Wenn das Herz sich wirklich gebunden hat, dann weiß ich ganz genau, wie wenig man auf die Aufmerksamkeit anderer Leute gibt. Alles, was nichts mit dem Gegenstand der Liebe zu tun hat, kommt einem dann so albern, so uninteressant vor. Ich verstehe deine Gefühle nur zu gut.»

«Du solltest mir aber nicht zureden, so viel an Mr. Tilney zu denken; vielleicht sehe ich ihn ja nie wieder.»

«Nie wieder sehen! Meine Liebste, das darfst du nicht sagen. Wenn du das glauben würdest, das würde dich ganz unglücklich machen, da bin ich sicher.»

«Nein, bestimmt nicht. Ich will nicht so tun, als ob er mir nicht gefallen hätte; aber solange ich *Udolpho* zu lesen habe, kann mich niemand unglücklich machen, glaube ich. Ach! Der grässliche schwarze Schleier! Meine liebe Isabella, da muss einfach Laurentinas Skelett dahinter stecken.»

«Es kommt mir so merkwürdig vor, dass du *Udolpho* noch nicht gelesen hast. Mrs. Morland hat wohl etwas gegen Romane.»

«Nein, keineswegs. Sie liest selber sehr oft *Sir Charles Grandison*. Aber neue Bücher bekommen wir einfach nicht in die Hand.»

«*Sir Charles Grandison*! Das ist wirklich ein wahnsinnig schlechtes Buch, findest du nicht? Ich weiß noch, Miss Andrews kam nicht einmal durch den ersten Band.»

«Es ist ganz anders als *Udolpho*; trotzdem finde ich es sehr unterhaltsam.»

«Wirklich? Das überrascht mich; ich fand, es war einfach unlesbar. Aber, liebste Catherine, steht denn schon fest, was du heute abend als Kopfschmuck tragen willst? Ich will mich

you. The men take notice of *that* sometimes, you know.'

'But it does not signify, if they do,' said Catherine, very innocently.

'Signify! Oh heavens! I make it a rule never to mind what they say. They are very often amazingly impertinent, if you do not treat them with spirit, and make them keep their distance.'

'Are they? Well, I never observed *that*. They always behave very well to me.'

'Oh! they give themselves such airs. They are the most conceited creatures in the world, and think themselves of so much importance! By the bye, though I have thought of it an hundred times, I have always forgot to ask you what is your favourite complexion in a man. Do you like them best dark or fair?'

'I hardly know. I never much thought about it. Something between both, I think; brown: not fair, and not very dark.'

'Very well, Catherine. That is exactly he. I have not forgot your description of Mr. Tilney: "a brown skin, with dark eyes, and rather dark hair." Well, my taste is different. I prefer light eyes; and as to complexion, do you know, I like a sallow better than any other. You must not betray me, if you should ever meet with one of your acquaintance answering that description.'

'Betray you! What do you mean?'

'Nay, do not distress me. I believe I have said too much. Let us drop the subject.'

Catherine, in some amazement, complied; and, after remaining a few moments silent, was on the point of reverting to what interested her at that time rather more than anything else in the world, Laurentina's skeleton, when her friend prevented her, by saying: 'For Heaven's sake! let us move away from this end of the room. Do you know, there are two odious young

auf jeden Fall genauso anziehen wie du. *Das* fällt den Männern manchmal auf, weißt du.»

«Aber das spielt doch keine Rolle», sagte Catherine in aller Unschuld.

«Keine Rolle! Himmel! Ich habe es mir zur Regel gemacht, ich achte niemals darauf, was sie sagen. Sie sind sehr oft wahnsinnig unverschämt, wenn du nicht energisch mit ihnen umgehst und sie auf Distanz hältst.»

«Wirklich? Also mir ist das noch nicht aufgefallen. Mir gegenüber benehmen sie sich immer bestens.»

«Ach, sie tun immer so großartig. Sie sind die eingebildetsten Geschöpfe auf Gottes Erdboden und halten sich für so schrecklich wichtig! Übrigens, ich habe immer vergessen, obwohl ich schon hundertmal daran gedacht habe, dich nach deinem Lieblingstyp zu fragen. Magst du die Männer lieber dunkel oder blond?»

«Das weiß ich gar nicht. Ich habe nie darüber nachgedacht. Irgendetwas dazwischen, denke ich; braun, nicht blond, und auch nicht ganz dunkel.»

«Sehr gut, Catherine, das ist er ganz genau. Ich habe nicht vergessen, wie du Mr. Tilney beschrieben hast: ‹braune Haut, mit dunklen Augen, und ziemlich dunkles Haar›. Nun, ich habe einen anderen Geschmack. Mir sind helle Augen lieber; und was die Gesichtsfarbe betrifft, so mag ich sie am allerliebsten blass. Du darfst mich aber nicht verraten, falls du einen deiner Bekannten triffst, auf den diese Beschreibung passt.»

«Dich verraten! Was meinst du damit?»

«Nein, bring mich nicht zur Verzweiflung. Ich habe wahrscheinlich schon zu viel gesagt. Lassen wir das Thema.»

Catherine fügte sich, einigermaßen verwundert; und war nach kurzem Schweigen gerade dabei, den Punkt wieder aufzugreifen, der sie derzeit mehr als alles andere interessierte, nämlich Laurentinas Skelett, da kam ihr die Freundin mit den Worten zuvor: «Um Himmels willen! Wir müssen weg aus diesem Eck des Saales. Da sind zwei widerliche junge Männer, weißt du, die starren mich jetzt schon eine halbe Stunde an.

men who have been staring at me this half-hour. They really put me quite out of countenance. Let us go and look at the arrivals. They will hardly follow us there.'

Away they walked to the book; and while Isabella examined the names, it was Catherine's employment to watch the proceedings of these alarming young men.

'They are not coming this way, are they? I hope they are not so impertinent as to follow us. Pray let me know if they are coming. I am determined I will not look up.'

In a few moments Catherine, with unaffected pleasure, assured her that she need not be longer uneasy, as the gentlemen had just left the Pump Room.

'And which way are they gone?' said Isabella, turning hastily round. 'One was a very good-looking young man.'

'They went towards the churchyard.'

'Well, I am amazingly glad I have got rid of them. And now, what say you to going to Edgar's Buildings with me, and looking at my new hat? You said you would like to see it.'

Catherine readily agreed. 'Only,' she added, 'perhaps we may overtake the two young men.'

'Oh! never mind that. If we make haste, we shall pass by them presently, and I am dying to show you my hat.'

'But if we only wait a few minutes, there will be no danger of our seeing them at all.'

'I shall not pay them any such compliment, I assure you. I have no notion of treating men with such respect. *That* is the way to spoil them.'

Catherine had nothing to oppose against such reasoning; and therefore, to show the independence of Miss Thorpe, and her resolution of humbling the sex, they set off immediately, as fast as they could walk, in pursuit of the two young men.

Sie bringen mich wirklich ganz aus der Fassung. Komm, wir gehen und schauen, wer neu eingetroffen ist. Dorthin folgen sie uns bestimmt nicht.»

Also schritten sie davon, zu dem Buch; und während Isabella die Namen durchging, war es Catherines Aufgabe, die Machenschaften dieser beunruhigenden jungen Männer im Auge zu behalten.

«Sie kommen doch nicht etwa hierher? Hoffentlich sind sie nicht so unverschämt und folgen uns. Lass mich bitte wissen, ob sie kommen. Ich werde auf keinen Fall hochschauen.»

Kurze Zeit später versicherte ihr Catherine mit aufrichtiger Freude, sie brauche sich keine Sorgen mehr zu machen, da die beiden Herren soeben die Brunnenhalle verlassen hätten.

«Und wohin sind sie gegangen?» sagte Isabella und wandte sich hastig um. «Der eine sah wirklich sehr gut aus.»

«Sie gingen in Richtung Friedhof.»

«Ich bin wirklich wahnsinnig froh, dass ich sie losgeworden bin. Wie wäre es jetzt, wenn du mit mir zu Edgar's Buildings gingest, um meinen neuen Hut anzuschauen? Du hast doch gesagt, du würdest ihn gern sehen.»

Catherine stimmte bereitwillig zu. «Nur überholen wir dann vielleicht die beiden jungen Männer.»

«Ach, das macht nichts. Wenn wir uns beeilen, sind wir gleich an ihnen vorbei, und ich will dir doch unbedingt meinen Hut zeigen.»

«Wenn wir aber nur ein paar Minuten warten, dann würden wir überhaupt nicht riskieren, dass sie uns sehen.»

«Diese Ehre werde ich ihnen bestimmt nicht erweisen. Das fällt mir nicht ein, dass ich Männern so viel Respekt entgegenbringe. Auf *diese* Weise verwöhnt man sie nur.»

Solchen Argumenten hatte Catherine nichts entgegenzusetzen; und so nahmen sie, um Miss Thorpes Unabhängigkeit und ihre Entschlossenheit, das andere Geschlecht zu demütigen, unter Beweis zu stellen, unverzüglich und so schnell sie ihre Füße trugen, die Verfolgung der beiden jungen Männer auf.

Paragon Tuesday May 12th.

My dear Cassandra

… In the evening I hope you honoured my toilette & ball with a thought; I dressed myself as well as I could, & had all my finery much admired at home. By nine o'clock my uncle, aunt & I entered the rooms & linked Miss Winstone on to us. Before tea, it was rather a dull affair; but then the before tea did not last long, for there was only one dance, danced by four couple. Think of four couple, surrounded by about an hundred people, dancing in the Upper Rooms at Bath! After tea we *cheered up*; the breaking up of private parties sent some scores more to the ball, & tho' it was shockingly & inhumanly thin for this place, there were people enough I suppose to have made five or six very pretty Basingstoke assemblies. I then got Mr. Evelyn to talk to, & Miss Twisleton to look at; and I am proud to say that I have a very good eye at an adultress, for tho' repeatedly assured that another in the same party was the *She*, I fixed upon the right one from the first. A resemblance to Mrs. Leigh was my guide. She is not so pretty as I expected; her face has the same defect of baldness as her sister's, & her features not so handsome; she was highly rouged, & looked rather quietly & contentedly silly than anything else. Mrs. Badcock & two young women were of the same party, except when Mrs. Badcock thought herself obliged to leave them to run round the room after her drunken husband. His avoidance, & her pursuit, with the probable intoxication of both, was an amusing scene. …

An Cassandra Austen. Paragon, Dienstag, den 12. Mai 1801

Meine liebe Cassandra,

… Ich hoffe, Du hast mir die Ehre angetan, am Abend einen Gedanken an mein Kleid und den Ball zu verschwenden; ich habe mich so schön gemacht, wie ich konnte, und fand zu Hause viel Bewunderung für all die Pracht. Um neun Uhr betraten wir, mein Onkel, die Tante und ich, die Gesellschaftsräume und holten noch Miss Winstone zu uns. Vor dem Tee war alles ziemlich langweilig. Aber die Zeit vor dem Tee dauerte nicht lang, denn es gab nur einen Tanz, mit vier Paaren. Stell Dir vor, vier Paare, von etwa hundert Leuten umgeben, beim Tanz in den Oberen Gesellschaftsräumen in Bath! Nach dem Tee wurde die Stimmung besser; private Gesellschaften hatten sich aufgelöst und entsandten noch mehrere Dutzend auf den Ball, und obwohl dieser für hiesige Verhältnisse erschreckend und unmenschlich dünn besetzt war, gab es doch, denke ich, genug Leute, um fünf oder sechs hübsche Gesellschaften wie in Basingstoke zu bestücken. Dann bekam ich Mr. Evelyn zum Reden und Miss Twisleton zum Anschauen; und ich kann voller Stolz behaupten, dass ich einen sehr guten Blick für Ehebrecherinnen habe, denn obwohl man mir mehrfach versicherte, eine andere in der Gruppe sei die besagte Dame, legte ich mich doch von Anfang an auf die richtige fest. Ich ließ mich von einer Ähnlichkeit zu Mrs. Leigh leiten. Sie ist nicht so hübsch, wie ich erwartet hatte; ihr Gesicht leidet unter dem Makel der Kahlheit ebenso wie das ihrer Schwester, und die Züge haben nicht die gleiche Schönheit; sie trug reichlich Rouge und wirkte vor allem ziemlich unbedarft, dabei aber durchaus ruhig und zufrieden. Zur gleichen Gesellschaft gehörten Mrs. Badcock und zwei junge Frauen, nur fühlte sich Mrs. Badcock zwischendurch verpflichtet, wegzulaufen und hinter ihrem betrunkenen Ehemann im Saal herumzurennen. Wie er ihr auswich, und sie ihn verfolgte, während beide höchstwahrscheinlich betrunken waren, das war eine amüsante Szene. …

Sense and Sensibility

Mrs. John Dashwood did not at all approve of what her husband intended to do for his sisters. To take three thousand pounds from the fortune of their dear little boy, would be impoverishing him to the most dreadful degree. She begged him to think again on the subject. How could he answer it to himself to rob his child, and his only child too, of so large a sum? And what possible claim could the Miss Dashwoods, who were related to him only by half blood, which she considered as no relationship at all, have on his generosity to so large an amount? It was very well known that no affection was ever supposed to exist between the children of any man by different marriages; and why was he to ruin himself, and their poor little Harry, by giving away all his money to his half-sisters?

'It was my father's last request to me,' replied her husband, 'that I should assist his widow and daughters.'

'He did not know what he was talking of, I dare say; ten to one but he was light-headed at the time. Had he been in his right senses, he could not have thought of such a thing as begging you to give away half your fortune from your own child.'

'He did not stipulate for any particular sum, my dear Fanny; he only requested me, in general terms,

Verstand und Gefühl

Mr. Henry Dashwoods früher Tod hat schwerwiegende Folgen für seine Frau und die drei Töchter: mit einem sehr bescheidenen Vermögen ausgestattet, müssen sie ihr Haus – Norland – dem Sohn aus erster Ehe, Mr. John Dashwood, überlassen. Dieser fühlt sich zunächst zu einer Unterstützung der Schwestern verpflichtet.

Mrs. John Dashwood war ganz und gar nicht einverstanden mit dem, was ihr Gatte zur Versorgung seiner Schwestern vorhatte. Von dem Vermögen ihres eigenen lieben kleinen Jungen dreitausend Pfund wegzunehmen, das würde ja heißen, ihn in tiefste Armut zu stürzen. Sie bat ihn dringend, die Sache noch einmal zu überdenken. Wie konnte er es vor sich selbst verantworten, sein Kind – und noch dazu sein einziges – einer solchen Summe zu berauben? Und welchen Anspruch konnten die Miss Dashwoods an seine Großmut haben, auf einen Betrag von solcher Höhe, diese Miss Dashwoods, die doch nur seine Halbschwestern waren, was sie überhaupt nicht als Verwandtschaft betrachtete. Es war allgemein bekannt, dass man zwischen den Kindern eines Mannes aus verschiedenen Ehen niemals Zuneigung erwarten durfte. Und warum sollte er sich und ihren armen kleinen Harry ruinieren, indem er sein ganzes Geld den Halbschwestern in den Rachen warf?

«Es war der letzte Wunsch meines Vaters», anwortete ihr Gatte, «dass ich seine Witwe und seine Töchter unterstützen soll.»

«Er wusste bestimmt nicht, wovon er sprach; zehn zu eins, dass er zu der Zeit schon nicht mehr richtig im Kopf war. Hätte er seine fünf Sinne beieinander gehabt, wäre er nie auf den Gedanken gekommen, von dir zu verlangen, deinem Sohn das halbe Vermögen wegzunehmen.»

«Er hat keine bestimmte Summe gefordert, meine liebe Fanny. Er bat mich nur ganz allgemein, sie zu unterstützen

to assist them, and make their situation more comfortable than it was in his power to do. Perhaps it would have been as well if he had left it wholly to myself. He could hardly suppose I should neglect them. But as he required the promise, I could not do less than give it: at least I thought so at the time. The promise, therefore, was given, and must be performed. Something must be done for them whenever they leave Norland and settle in a new home.'

'Well, then, *let* something be done for them; but *that* something need not be three thousand pounds. Consider,' she added, 'that when the money is once parted with, it never can return. Your sisters will marry, and it will be gone for ever. If, indeed, it could ever be restored to our poor little boy …'

'Why, to be sure,' said her husband, very gravely, 'that would make a great difference. The time may come when Harry will regret that so large a sum was parted with. If he should have a numerous family, for instance, it would be a very convenient addition.'

'To be sure it would.'

'Perhaps, then, it would be better for all parties if the sum were diminished one half. Five hundred pounds would be a prodigious increase to their fortunes.'

'Oh, beyond anything great! What brother on earth would do half as much for his sisters, even if *really* his sisters! And as it is – only half blood! – But you have such a generous spirit!'

'I would not wish to do anything mean,' he replied. 'One had rather, on such occasions, do too much than too little. No one, at least, can think I have not done enough for them: even themselves, they can hardly expect more.'

'There is no knowing what *they* may expect,' said the lady, 'but we are not to think of their expectations: the question is, what you can afford to do.'

und ihr Leben angenehmer zu gestalten, als es in seinen Kräften stand. Vielleicht wäre es besser gewesen, er hätte die Sache ganz mir überlassen. Er konnte ja wohl kaum annehmen, ich würde mich nicht um sie kümmern. Aber da er mir das Versprechen abverlangte, hatte ich keine andere Wahl. Wenigstens schien es mir damals so. Ich habe also das Versprechen gegeben und muss es jetzt halten. Man muss für sie sorgen, wenn sie von Norland weggehen und sich anderswo niederlassen.»

«Gut, dann soll man eben für sie sorgen, aber es müssen ja nicht gleich dreitausend Pfund sein. Denke daran», fügte sie hinzu, «wenn das Geld einmal weg ist, kommt es nie wieder zurück. Deine Schwestern werden heiraten, und dann ist es für immer dahin. Wenn es allerdings wieder an unseren armen kleinen Jungen zurückfallen könnte …»

«Dann», sagte ihr Gatte mit großem Ernst, «ja, dann sähe alles ganz anders aus. Irgendwann kommt vielleicht der Zeitpunkt, wo Harry der Verlust einer so großen Summe schmerzt. Sollte er zum Beispiel später eine große Familie haben, dann würde der zusätzliche Betrag sehr gelegen kommen.»

«Mit Sicherheit.»

«Dann wäre es vielleicht besser für alle Beteiligten, wenn man die Summe halbieren würde. Fünfhundert Pfund wären ein außerordentlicher Vermögenszuwachs.»

«Oh, ein ganz unvorstellbarer! Welcher Bruder auf Gottes Erdboden würde auch nur halb so viel für seine Schwestern tun, selbst wenn es seine *richtigen* Schwestern wären! Und in diesem Fall – lediglich Halbschwestern! Aber du hast so eine großherzige Art!»

«Ich möchte nicht kleinlich erscheinen», antwortete er. «In solchen Fällen sollte man lieber zu viel als zu wenig tun. Jedenfalls kann dann keiner denken, ich hätte nicht genug für sie gesorgt. Auch sie selbst können kaum mehr erwarten.»

«Wer weiß schon, was *sie* erwarten», sagte die Dame, «aber ihre Erwartungen stehen nicht zur Debatte. Die Frage ist, was du dir leisten kannst.»

'Certainly, and I think I may afford to give them five hundred pounds a-piece. As it is, without any addition of mine, they will each have above three thousand pounds on their mother's death: a very comfortable fortune for any young woman.'

'To be sure it is: and, indeed, it strikes me that they can want no addition at all. They will have ten thousand pounds divided amongst them. If they marry, they will be sure of doing well; and if they do not, they may all live very comfortably together on the interest of ten thousand pounds.'

'That is very true, and, therefore, I do not know whether, upon the whole, it would not be more advisable to do something for their mother while she lives rather than for them; something of the annuity kind I mean. My sisters would feel the good effects of it as well as herself. A hundred a year would make them all perfectly comfortable.'

His wife hesitated a little, however, in giving her consent to this plan.

'To be sure,' said she, 'it is better than parting with fifteen hundred pounds at once. But then, if Mrs. Dashwood should live fifteen years, we shall be completely taken in.'

'Fifteen years! my dear Fanny; her life cannot be worth half that purchase.'

'Certainly not; but if you observe, people always live for ever when there is any annuity to be paid them; and she is very stout and healthy, and hardly forty. An annuity is a very serious business; it comes over and over every year, and there is no getting rid of it. You are not aware of what you are doing. I have known a great deal of the trouble of annuities; for my mother was clogged with the payment of three to old superannuated servants by my father's will, and it is amazing how disagreeable she found it. Twice every year, these

«Jawohl, und ich denke, ich kann es mir leisten, jeder fünfhundert Pfund zu geben. Bislang, ohne einen Zuschlag von meiner Seite, verfügt beim Tod der Mutter jede über dreitausend Pfund, ein recht anständiges Vermögen für eine junge Frau.»

«Ganz gewiss. Jetzt kommt mir, dass sie eigentlich überhaupt keinen Zuschlag brauchen. Sie können zehntausend Pfund unter sich aufteilen. Wenn sie heiraten, machen sie bestimmt gute Partien. Sollte dies nicht der Fall sein, dann können sie von den Zinsen der zehntausend Pfund alle zusammen recht angenehm leben.»

«Sehr richtig, und deshalb überlege ich, ob es nicht doch insgesamt ratsamer wäre, eher der Mutter zu ihren Lebzeiten unter die Arme zu greifen als ihnen. Ich meine, so etwas wie eine jährliche Rente. Deren segensreiche Wirkung würden meine Schwestern dann genauso zu spüren bekommen. Hundert Pfund im Jahr würden ihnen ein rundum bequemes Leben ermöglichen.»

Seine Frau war jedoch nicht gleich bereit, diesem Plan ihre Zustimmung zu geben.

«Das ist auf jeden Fall besser», sagte sie, «als sich von fünfzehnhundert Pfund auf einmal zu trennen. Sollte allerdings Mrs. Dashwood noch weitere fünfzehn Jahre leben, dann sind wir die Dummen.»

«Fünfzehn Jahre! Meine liebe Fanny, ihre Lebenserwartung ist nicht halb so viel Geld wert.»

«Natürlich nicht; aber man sieht ja, dass die Leute ewig leben, wenn man ihnen eine Rente zahlt. Und sie ist gesund und gut beieinander und kaum vierzig. Eine Rente ist eine ernstzunehmende Angelegenheit. Sie steht jedes Jahr von neuem an und man wird sie nicht los. Du weißt nicht, was du tust. Ich bin ein gebranntes Kind, was Scherereien mit Renten betrifft. Nach dem letzten Willen meines Vaters hatte meine Mutter nämlich die Bürde einer Rentenzahlung für drei alte Dienstboten zu tragen und fand dies ganz außerordentlich lästig. Zweimal im Jahr musste man diese Renten

annuities were to be paid; and then there was the trouble of getting it to them; and then one of them was said to have died, and afterwards it turned out to be no such thing. My mother was quite sick of it. Her income was not her own, she said, with such perpetual claims on it; and it was the more unkind in my father, because, otherwise, the money would have been entirely at my mother's disposal, without any restriction whatever. It has given me such an abhorrence of annuities, that I am sure I would not pin myself down to the payment of one for all the world.'

'It is certainly an unpleasant thing,' replied Mr. Dashwood, 'to have those kind of yearly drains on one's income. One's fortune, as your mother justly says, is *not* one's own. To be tied down to the regular payment of such a sum, on every rent day, is by no means desirable: it takes away one's independence.'

'Undoubtedly; and, after all, you have no thanks for it. They think themselves secure, you do no more than what is expected, and it raises no gratitude at all. If I were you, whatever I did should be done at my own discretion entirely. I would not bind myself to allow them anything yearly. It may be very inconvenient some years to spare a hundred, or even fifty pounds, from our own expenses.'

'I believe you are right, my love; it will be better that there should be no annuity in the case; whatever I may give them occasionally will be of far greater assistance than a yearly allowance, because they would only enlarge their style of living if they felt sure of a larger income, and would not be sixpence the richer for it at the end of the year. It will certainly be much the best way. A present of fifty pounds, now and then, will prevent their ever being distressed for money, and will, I think, be amply discharging my promise to my father.'

'To be sure it will. Indeed, to say the truth, I am con-

auszahlen und den Leuten obendrein noch zustellen. Und dann hieß es, einer sei gestorben, das war aber gar nicht so. Meine Mutter hatte die Sache gründlich satt. Ihr Einkommen war nicht wirklich ihr Eigentum, sagte sie, mit diesen ständigen Verpflichtungen. Das war wirklich sehr unfreundlich von meinem Vater; sonst hätte das Geld ganz meiner Mutter zur Verfügung gestanden, ohne jede Einschränkung. Das hat in mir einen solchen Abscheu gegenüber Renten erzeugt, dass ich mich für nichts auf der Welt auf eine solche Zahlung festnageln ließe.»

«Freilich ist das unangenehm», antwortete Mr. Dashwood, «wenn so etwas Jahr für Jahr am Einkommen zehrt. Wie deine Mutter sehr richtig sagt, gehört einem dann das eigene Vermögen nicht. Es ist durchaus nicht erstrebenswert, an jedem Rententag zur regelmäßigen Auszahlung einer solchen Summe verpflichtet zu sein. So verliert man seine Unabhängigkeit.»

«Zweifellos. Und letztlich dankt es dir keiner. Sie fühlen sich in gesicherten Verhältnissen, du leistest nicht mehr als erwartet, und es bewirkt keinerlei Dankbarkeit. An deiner Stelle würde ich auf jeden Fall nach eigenem Ermessen handeln. Ich würde mich nicht auf eine jährliche Zuwendung verpflichten. Vielleicht kommen Jahre, in denen es uns schwerfällt, unsere eigenen Ausgaben um hundert oder auch nur fünfzig Pfund einzuschränken.»

«Du hast wohl recht, meine Liebe; wir sollten in diesem Fall keine Rente festlegen. Was immer ich ihnen hie und da zustecke, wird viel hilfreicher sein als ein jährlicher Betrag, weil sie in der sicheren Erwartung eines höheren Einkommens nur ihren Lebensstil anheben würden und am Jahresende um keinen Pfennig reicher wären. Bestimmt ist das der allerbeste Weg. Ab und zu ein Geschenk von fünfzig Pfund, das wird sie vor finanziellen Verlegenheiten bewahren und mit Sicherheit das Versprechen, das ich meinem Vater gab, voll und ganz einlösen.»

«Natürlich. Ich bin eigentlich, offen gesagt, der festen

vinced within myself, that your father had no idea of your giving them any money at all. The assistance he thought of, I dare say, was only such as might be reasonably expected of you; for instance, such as looking out for a comfortable small house for them, helping them to move their things, and sending them presents of fish and game, and so forth, whenever they are in season. I'll lay my life that he meant nothing further; indeed, it would be very strange and unreasonable if he did. Do but consider, my dear Mr. Dashwood, how excessively comfortable your mother-in-law and her daughters may live on the interest of seven thousand pounds, besides the thousand pounds belonging to each of the girls, which brings them in fifty pounds a-year a-piece, and, of course, they will pay their mother for their board out of it. Altogether, they will have five hundred a-year amongst them, and what on earth can four women want for more than that? They will live so cheap! Their housekeeping will be nothing at all. They will have no carriage, no horses, and hardly any servants; they will keep no company, and can have no expenses of any kind! Only conceive how comfortable they will be! Five hundred a-year! I am sure I cannot imagine how they will spend half of it; and as to your giving them more, it is quite absurd to think of it. They will be much more able to give *you* something.'

'Upon my word,' said Mr. Dashwood, 'I believe you are perfectly right. My father certainly could mean nothing more by his request to me than what you say. I clearly understand it now, and I will strictly fulfil my engagement by such acts of assistance and kindness to them as you have described. When my mother removes into another house, my services shall be readily given to accommodate her as far as I can. Some little present of furniture, too, may be acceptable then.'

'Certainly,' returned Mrs. John Dashwood. 'But, how-

Überzeugung, es ging deinem Vater gar nicht darum, dass du ihnen Geld gibst. Er hatte sicher nur die Art von Unterstützung im Sinn, die vernünftigerweise von dir zu erwarten ist, zum Beispiel Ausschau zu halten nach einem gemütlichen kleinen Haus für sie, ihnen beim Umzug behilflich zu sein und ihnen Fisch und Wildbret zu schicken, wenn gerade Saison ist. Ich lege meine Hand dafür ins Feuer, mehr hat er nicht gemeint. Das wäre ungewöhnlich und wider alle Vernunft gewesen. Bedenke nur, mein lieber Mr. Dashwood, wie unendlich angenehm deine Stiefmutter und ihre Töchter von den Zinsen der siebentausend Pfund leben können, neben den tausend Pfund, die den Mädchen gehören, was jeder fünfzig Pfund im Jahr bringt. Davon werden sie natürlich ihrer Mutter Kostgeld zahlen. Insgesamt haben sie miteinander fünfhundert Pfund im Jahr, und was in aller Welt können sich vier Frauen mehr wünschen? Sie werden ja dann so billig leben! Ihr Haushalt kostet so gut wie gar nichts. Sie haben keine Kutsche, keine Pferde und kaum Dienstboten. Sie pflegen keine Geselligkeit und haben keinerlei Ausgaben. Stell dir nur vor, wie bequem sie es dann haben! Fünfhundert im Jahr! Ich kann mir beim besten Willen nicht vorstellen, wie sie auch nur die Hälfte davon ausgeben wollen. Dass du ihnen noch etwas dazugeben sollst, ist ein ganz absurder Gedanke. Sie könnten eigentlich *dir* etwas abgeben.»

«Meine Güte», sagte Mr. Dashwood, «ich glaube, du hast vollkommen recht. Mein Vater hat mit seiner Bitte an mich bestimmt nichts anderes gemeint. Ich sehe das jetzt ganz klar und werde meine Verpflichtung pünktlich erfüllen, indem ich ihnen in der von dir beschriebenen Weise hilfreich zur Seite stehe. Wenn meine Mutter umzieht, werde ich ihr, so gut ich kann, beim Einrichten behilflich sein. Vielleicht nimmt sie dann auch gerne das eine oder andere Möbelstück als Geschenk.»

«Sicher», entgegnete Mrs. John Dashwood. «Eines darf

ever, *one* thing must be considered. When your father and mother moved to Norland, though the furniture of Stanhill was sold, all the china, plate, and linen was saved, and is now left to your mother. Her house will therefore be almost completely fitted up as soon as she takes it.'

'That is a material consideration, undoubtedly. A valuable legacy indeed! And yet some of the plate would have been a very pleasant addition to our own stock here.'

'Yes; and the set of breakfast china is twice as handsome as what belongs to this house. A great deal too handsome, in my opinion, for any place *they* can ever afford to live in. But, however, so it is. Your father thought only of *them*. And I must say this: that you owe no particular gratitude to him, nor attention to his wishes, for we very well know that if he could, he would have left almost everything in the world to *them*.'

This argument was irresistible. It gave to his intentions whatever of decision was wanting before; and he finally resolved, that it would be absolutely unnecessary, if not highly indecorous, to do more for the widow and children of his father, than such kind of neighbourly acts as his own wife pointed out.

*

man allerdings nicht außer Acht lassen. Als dein Vater und deine Mutter nach Norland zogen, hat man zwar das Mobiliar von Stanhill verkauft, das ganze Porzellan, das Tafelsilber und die Tischwäsche aber behalten, das bekommt jetzt deine Mutter. Ihr Haus ist also bei ihrem Einzug fast vollständig ausgestattet.»

«Das ist ein wichtiger Gedanke, ohne Zweifel. Was für ein kostbares Vermächtnis! Dabei hätte manches Stück des Tafelsilbers unsere eigenen Bestände hier sehr hübsch ergänzt.»

«Ja, und das Frühstücksservice ist doppelt so schön wie das in diesem Haus. Viel zu schön, meiner Meinung nach, für ein Haus, das *sie* sich leisten können. Aber so ist es nun einmal. Dein Vater hat nur an *sie* gedacht. Und ich muss schon sagen: du schuldest ihm keine besondere Dankbarkeit und seinen Wünschen keinerlei Aufmerksamkeit, denn wir wissen ganz genau, dass er, wenn er es gekonnt hätte, fast alles auf der Welt *ihnen* vermacht hätte.»

Diesem Argument konnte er nicht widerstehen. Es gab seinen Absichten die bisher fehlende Entschlossenheit. Und schließlich kam er zu der Überzeugung, dass es völlig unnötig, wenn nicht sogar höchst unpassend sei, der Witwe und den Kindern seines Vaters mehr an Unterstützung zu geben als jene Formen nachbarschaftlicher Hilfe, wie sie ihm seine Frau nahegelegt hatte.

*

Die ungleichen Schwestern Dashwood haben beide kein Glück mit den Männern. Marianne, die Gefühlvolle, hat nach dem Verrat ihres Verehrers Willoughby die Nächte durchgeweint und ihr Gleichgewicht noch immer nicht wiedergefunden. Elinor, die Vernünftige, weiß seit längerem, dass ihr geliebter Edward an eine andere, Lucy Steele, gebunden ist; soeben hat sie von Mrs. Jennings, in deren Haus die beiden Schwestern sich gerade aufhalten, von der bevorstehenden Hochzeit erfahren.

As Mrs. Jennings could talk on no other subject, Elinor soon saw the necessity of preparing Marianne for its discussion. – No time was to be lost in undeceiving her, in making her acquainted with the real truth, and in endeavouring to bring her to hear it talked of by others, without betraying that she felt any uneasiness for her sister, or any resentment against Edward.

Elinor's office was a painful one. – She was going to remove what she really believed to be her sister's chief consolation, – to give such particulars of Edward, as she feared would ruin him for ever in her good opinion, – and to make Marianne, by a resemblance in their situations, which to *her* fancy would seem strong, feel all her own disappointment over again. But unwelcome as such a task must be, it was necessary to be done, and Elinor therefore hastened to perform it.

She was very far from wishing to dwell on her own feelings, or to represent herself as suffering much, any otherwise than as the self-command she had practised since her first knowledge of Edward's engagement, might suggest a hint of what was practicable to Marianne. Her narration was clear and simple; and though it could not be given without emotion, it was not accompanied by violent agitation, nor impetuous grief. – *That* belonged rather to the hearer, for Marianne listened with horror, and cried excessively. Elinor was to be the comforter of others in her own distresses, no less than in theirs; and all the comfort that could be given by assurances of her own composure of mind, and a very earnest vindication of Edward from every charge but of imprudence, was readily offered.

But Marianne for some time would give credit to neither. Edward seemed a second Willoughby; and

Da Mrs. Jennings über nichts anderes mehr sprechen konnte, war es Elinor bald klar, dass sie Marianne auf das Gerede vorbereiten musste. – Man durfte keine Zeit verlieren, sie aufzuklären, sie mit der ganzen Wahrheit vertraut zu machen und nach Möglichkeit so weit zu bringen, dass sie zuhören konnte, wenn andere darüber redeten, ohne dabei zu verraten, dass sie wegen ihrer Schwester Besorgnis oder Groll gegenüber Edward empfand.

Elinor hatte eine schmerzliche Aufgabe vor sich. – Sie war dabei, der Schwester das wegzunehmen, was ihr nach Elinors fester Überzeugung die wichtigste Quelle des Trostes war – von Edward Dinge zu berichten, die ihn, so war zu befürchten, auf immer Mariannes Respekt kosten würden, – und Marianne Anlass zu geben, ihre eigene Enttäuschung noch einmal durchzumachen, wegen der Ähnlichkeit der beiden Fälle, die *ihr* besonders deutlich ins Auge springen würde. Aber wenn auch eine solche Aufgabe zwangsläufig undankbar war, so musste sie doch erledigt werden, und Elinor beeilte sich, dies zu tun.

Sie wünschte nicht im geringsten, sich länger bei ihren eigenen Gefühlen aufzuhalten oder sich als Leidende darzustellen, um so weniger, als die Selbstbeherrschung, in der sie sich seit der ersten Nachricht von Edwards Verlobung geübt hatte, Marianne einen Hinweis darauf geben konnte, was in einem solchen Falle möglich war. Ihr Bericht war klar und einfach; und obwohl er nicht ohne Gefühlsbewegung vorgebracht werden konnte, war er keineswegs von heftiger Erregung oder ungestümem Schmerz begleitet. – Die waren eher der Zuhörerin vorbehalten, denn Marianne lauschte voller Entsetzen und weinte hemmungslos. Es war Elinors Aufgabe, anderen Trost zu spenden, ob es ihr nun selbst schlecht ging oder ob die anderen litten. Und sie gab bereitwillig jeden Trost, den man aus der Versicherung ziehen konnte, sie sei vollkommen gefasst, und aus einer eindringlichen Verteidigung Edwards gegen jedweden Vorwurf, sein unkluges Vorgehen ausgenommen.

Eine Zeitlang wollte Marianne aber weder das eine noch das andere glauben. Edward schien ein zweiter Willoughby zu sein;

acknowledging as Elinor did, that she *had* loved him most sincerely, could she feel less than herself! As for Lucy Steele, she considered her so totally unamiable, so absolutely incapable of attaching a sensible man, that she could not be persuaded at first to believe, and afterwards to pardon, any former affection of Edward for her. She would not even admit it to have been natural; and Elinor left her to be convinced that it was so, by that which only could convince her, a better knowledge of mankind.

Her first communication had reached no farther than to state the fact of the engagement, and the length of time it had existed. Marianne's feelings had then broken in, and put an end to all regularity of detail; and for some time all that could be done was to soothe her distress, lessen her alarms, and combat her resentment. The first question on her side, which led to farther particulars, was –

'How long has this been known to you, Elinor? Has he written to you?'

'I have known it these four months. When Lucy first came to Barton Park last November, she told me in confidence of her engagement.'

At these words, Marianne's eyes expressed the astonishment which her lips could not utter. After a pause of wonder, she exclaimed –

'Four months! – Have you known of this four months?'

Elinor confirmed it.

'What! – while attending me in all my misery, has this been on your heart? and I have reproached you for being happy!'

'It was not fit that you should then know how much I was the reverse.'

'Four months!' cried Marianne again. 'So calm! so cheerful! How have you been supported?'

und wenn Elinor schon zugab, dass sie ihn wirklich aufrichtig geliebt hatte, konnte sie dann wirklich weniger empfinden als sie selbst, Marianne? Was Lucy Steele betraf, so hielt Marianne diese für so wenig liebenswert, für so völlig unfähig, einen vernünftigen Mann an sich zu binden, dass man sie, Marianne, nicht dazu bewegen konnte, irgendeine frühere Zuneigung Edwards zu Elinor erst einmal zu glauben und dann auch noch zu vergeben. Sie wollte nicht einmal zugestehen, dass diese Zuneigung ganz natürlich war. Die Aufgabe, sie davon zu überzeugen, überließ Elinor dem einzigen, was sie überhaupt überzeugen konnte: einer besseren Menschenkenntnis.

Sie war bei ihrer Enthüllung zunächst nicht weiter gekommenen als bis zu der Tatsache, dass und seit wann eine Verlobung bestanden hatte. Dann waren Mariannes Gefühlsausbrüche dazwischen gekommen, so dass es nicht mehr möglich war, die Einzelheiten ordentlich darzustellen; und eine Weile konnte man für sie nichts weiter tun als die Verzweiflung zu lindern, die Ängste zu besänftigen und den Groll zu dämpfen. Die erste Frage ihrerseits, die zu weiteren Einzelheiten führte, lautete:

«Wie lange hast du das alles schon gewusst, Elinor? Hat er dir geschrieben?»

«Ich weiß es schon seit vier Monaten. Letzten November, gleich als Lucy nach Barton Park kam, da hat sie mir im Vertrauen von der Verlobung erzählt.»

Bei diesen Worten drückten Mariannes Augen die Überraschung aus, die auszusprechen ihren Lippen nicht möglich war. Nach einer von Staunen erfüllten Pause rief sie aus:

«Vier Monate! Du hast seit vier Monaten davon gewusst?»

Elinor bestätigte dies.

«Wie! Während du dich um mich in meinem Elend gekümmert hast, ist dir das auf dem Herzen gelegen? Und ich habe dir vorgeworfen, dass du glücklich seist!»

«Es war damals nicht ratsam, dich wissen zu lassen, wie tief ich das Gegenteil empfand.»

«Vier Monate!» rief Marianne noch einmal. «So ruhig! So fröhlich! Was hat dich aufrecht gehalten?»

'By feeling that I was doing my duty. My promise to Lucy obliged me to be secret. I owed it to her, therefore, to avoid giving any hint of the truth; and I owed it to my family and friends not to create in them a solicitude about me, which it could not be in my power to satisfy.'

Marianne seemed much struck.

'I have very often wished to undeceive yourself and my mother,' added Elinor; 'and once or twice I have attempted it; – but without betraying my trust, I never could have convinced you.'

'Four months! – and yet you loved him!'

'Yes. But I did not love only him; – and while the comfort of others was dear to me, I was glad to spare them from knowing how much I felt. Now, I can think and speak of it with little emotion. I would not have you suffer on my account; for I assure you I no longer suffer materially myself. I have many things to support me. I am not conscious of having provoked the disappointment by any imprudence of my own, and I have borne it as much as possible without spreading it farther. I acquit Edward of all essential misconduct. I wish him very happy; and I am so sure of his always doing his duty, that though now he may harbour some regret, in the end he must become so. Lucy does not want sense, and that is the foundation on which everything good may be built. And after all, Marianne, after all that is bewitching in the idea of a single and constant attachment, and all that can be said of one's happiness depending entirely on any particular person, it is not meant – it is not fit – it is not possible that it should be so. Edward will marry Lucy; he will marry a woman superior in person and understanding to half her sex; and time and habit will teach him to forget that he ever thought another superior to *her*.'

«Das Gefühl, meine Pflicht zu tun. Das Versprechen, das ich Lucy gegeben hatte, verpflichtete mich zur Geheimhaltung. Ich war es ihr deshalb schuldig, jeden Hinweis auf den wahren Sachverhalt zu vermeiden. Und meiner Familie und den Freunden war ich es schuldig, in ihnen keine Fürsorge zu wecken, der ich unmöglich entsprechen konnte.»

Marianne schien zutiefst erschüttert.

«So oft habe ich mir gewünscht, dir und meiner Mutter alles zu erzählen», fügte Elinor hinzu, «und ein- oder zweimal habe ich es auch versucht. Ohne mein Versprechen zu brechen hätte ich euch aber niemals überzeugen können.»

«Vier Monate! – und doch hast du ihn geliebt!»

«Ja. Aber ich habe nicht nur ihn geliebt. Und da mir das Wohlbefinden der anderen wichtig war, habe ich ihnen gerne das Wissen um meine Gefühle erspart. Jetzt kann ich ohne große Bewegung daran denken und davon sprechen. Ich will nicht, dass ihr meinetwegen leidet; denn ich versichere dir, ich leide nicht mehr im Innersten. Ich habe viel, das mich trägt. Meines Wissens habe ich die Enttäuschung nicht durch eigene Unklugheit hervorgerufen, und ich habe sie so gut wie möglich ertragen, ohne andere damit zu belasten. Ich spreche Edward von grundsätzlichem Fehlverhalten frei. Ich wünsche ihm, dass er glücklich wird; und ich weiß so genau, dass er immer seine Pflicht tut, dass er am Ende auch tatsächlich glücklich werden wird, mag er auch jetzt noch ein gewisses Bedauern empfinden. Lucy hat durchaus gesunden Menschenverstand, und das ist das Fundament, auf dem sich das Gute in jeder Weise bauen lässt. Und auch nach allem, Marianne, nach allem, was so faszinierend ist an der Vorstellung einer einzigen und dauerhaften Bindung, und nach allem, was man über das eigene Glück sagen kann, dass es vollkommen von einem bestimmten Menschen abhängt, es ist einfach nicht so gedacht – es passt nicht – es ist nicht möglich, dass es wirklich so kommt. Edward wird Lucy heiraten; er wird eine Frau heiraten, die als Mensch und mit ihrem Verstand die Hälfte ihrer Geschlechtsgenossinnen übertrifft; und der Lauf der Zeit und die Gewohnheit wer-

'If such is your way of thinking,' said Marianne, 'if the loss of what is most valued is so easily to be made up by something else, your resolution, your self-command, are perhaps a little less to be wondered at. They are brought more within my comprehension.'

'I understand you. You do not suppose that I have ever felt much. For four months, Marianne, I have had all this hanging on my mind, without being at liberty to speak of it to a single creature; knowing that it would make you and my mother most unhappy whenever it were explained to you, yet unable to prepare you for it in the least. It was told me – it was in a manner forced on me by the very person herself whose prior engagement ruined all my prospects; and told me, as I thought, with triumph. This person's suspicions, therefore, I have had to oppose, by endeavouring to appear indifferent where I have been most deeply interested. And it has not been only once; I have had her hopes and exultation to listen to again and again. I have known myself to be divided from Edward for ever, without hearing one circumstance that could make me less desire the connection. Nothing has proved him unworthy; nor has anything declared him indifferent to me. I have had to contend against the unkindness of his sister, and the insolence of his mother, and have suffered the punishment of an attachment without enjoying its advantages. And all this has been going on at a time when, as you too well know, it has not been my only unhappiness. If you can think me capable of ever feeling – surely you may suppose that I have suffered *now*. The composure of mind with which I have brought myself at present to consider the matter, the consolation that I have been willing to admit, have been the effect of constant and painful exertion;

den ihn lehren, zu vergessen, dass er jemals eine andere höher eingeschätzt hat.»

«Wenn du so denkst», sagte Marianne, «wenn der Verlust des Allerkostbarsten so leicht durch etwas anderes aufgewogen wird, dann sind deine Entschlossenheit, deine Selbstbeherrschung vielleicht etwas weniger erstaunlich. Sie werden mir leichter begreiflich.»

«Ich verstehe, was du meinst. Du glaubst nicht, dass ich jemals tief empfunden habe. Seit vier Monaten, Marianne, liegt mir dies alles auf der Seele, ohne dass ich mit einem einzigen Menschen darüber hätte sprechen dürfen; dabei wusste ich, dass eine Erklärung der Umstände dich und meine Mutter höchst unglücklich machen würde, und hatte doch keine Möglichkeit, euch im geringsten darauf vorzubereiten. Es wurde mir berichtet – es wurde mir sozusagen aufgezwungen genau von der Person, deren frühere Verlobung alle meine Zukunftsaussichten zerstört hatte. Den Argwohn dieser Person hatte ich also die ganze Zeit zu bekämpfen, indem ich versuchte, dort unbeteiligt zu erscheinen, wo ich zutiefst betroffen war. Und das kam nicht nur einmal vor; immer wieder musste ich mir ihren hoffnungsfrohen Jubel anhören. Ich wusste, dass ich für immer von Edward getrennt war, ohne doch irgendetwas zu erfahren, das mir die Verbindung mit ihm weniger erstrebenswert erscheinen ließ. Es gibt keinen Beweis, dass er meiner nicht wert ist; und da ist auch nichts, aus dem ich entnehmen könnte, ich sei ihm gleichgültig. Die ganze Zeit musste ich mich wehren gegen die Unfreundlichkeit seiner Schwester und die Unverschämtheit seiner Mutter und habe die schlechten Seiten einer Bindung ertragen, ohne die Vorteile zu genießen. Und das alles geschah während einer Zeit, wo dies, wie du sehr wohl weißt, nicht die einzige Ursache meines Unglücks war. Wenn du mich überhaupt irgendwelcher Gefühle für fähig hältst – dann kannst du wohl mit Sicherheit annehmen, dass ich *jetzt* gelitten habe. Das seelische Gleichgewicht, mit dem es mir inzwischen gelingt, die Sache zu betrachten, der tröstende Ausgleich, den ich gerne zugegeben habe: diese sind

– they did not spring up of themselves; they did not occur to relieve my spirits at first, – no, Marianne. *Then,* if I had not been bound to silence, perhaps nothing could have kept me entirely – not even what I owed to my dearest friends – from openly showing that I was *very* unhappy.'

Marianne was quite subdued.

'Oh! Elinor,' she cried, 'you have made me hate myself forever. How barbarous have I been to you! – you, who have been my only comfort, who have borne with me in all my misery, who have seemed to be only suffering for me! – Is this my gratitude? Is this the only return I can make you? Because your merit cries out upon myself, I have been trying to do it away.'

The tenderest caresses followed this confession. In such a frame of mind as she was now in, Elinor had no difficulty in obtaining from her whatever promise she required; and, at her request, Marianne engaged never to speak of the affair to anyone with the least appearance of bitterness; – to meet Lucy without betraying the smallest increase of dislike to her; – and even to see Edward himself, if chance should bring them together, without any diminution of her usual cordiality. These were great concessions, but where Marianne felt that she had injured, no reparation could be too much for her to make.

das Ergebnis ständiger und schmerzhafter Anstrengung gewesen; – sie sind nicht von alleine entstanden; sie haben sich nicht von Anfang an eingestellt, um mein Gemüt aufzuhellen – nein, Marianne. Wenn ich *damals* nicht zum Schweigen verpflichtet gewesen wäre, hätte mich wohl nichts – nicht einmal die Rücksicht auf meine liebsten Freunde – ganz davon abhalten können, offen zu zeigen, dass ich *sehr* unglücklich war.»

Marianne war ganz zerknirscht.

«Oh, Elinor», rief sie, «du hast es fertiggebracht, dass ich mich auf ewig hasse. Wie grausam bin ich zu dir gewesen! – zu dir, die mein einziger Trost gewesen ist, die all mein Elend mit mir getragen hat, die nur für mich zu leiden schien! – Sieht so meine Dankbarkeit aus? Ist dies das einzige, was ich dir zurückgeben kann? Nur weil deine Leistung mich beschämt, habe ich versucht, sie abzuwerten.»

Diesem Bekenntnis folgten die zärtlichsten Liebkosungen. Sie befand sich nun in einer derartigen Gemütsverfassung, dass Elinor ohne Schwierigkeiten jedes notwendige Versprechen von ihr erhielt. Und auf ihre Bitte hin verpflichtete sich Marianne, niemals zu irgendjemand von der Sache auch nur mit der leisesten Andeutung von Bitterkeit zu sprechen; – mit Lucy Umgang zu pflegen, ohne zu verraten, dass sie sie auch nur ein bisschen weniger mochte; – und sogar Edward zu treffen, wenn der Zufall sie zusammenführen sollte, ohne Abstriche an ihrer gewohnten Herzlichkeit zu machen. Dies waren große Zugeständnisse, aber wo Marianne das Gefühl hatte, Unrecht getan zu haben, da war ihr keine Wiedergutmachung zu viel.

Sloane St Thursday
April 25

My dearest Cassandra

… No indeed, I am never too busy to think of S & S. I can no more forget it, than a mother can forget her sucking child; & I am much obliged to you for your enquiries. I have had two sheets to correct, but the last only brings us to W.s first appearance. Mrs. K. regrets in the most flattering manner that she must wait *till* May, but I have scarcely a hope of its being out in June. Henry does not neglect it; he *has* hurried the printer, & says he will see him again today. It will not stand still during his absence, it will be sent to Eliza. The *incomes* remain as they were, but I will get them altered if I can. I am very much gratified by Mrs. K.s interest in it; & whatever may be the event of it as to my credit with her, sincerely wish her curiosity could be satisfied sooner than is now probable. I think she will like my Elinor, but cannot build on anything else. …

An Cassandra Austen.
Sloane Street, Donnerstag, den 25. April 1811

Meine liebste Cassandra,

… Nein, ich habe natürlich nie zu viel zu tun, um an *Sense and Sensibility* zu denken. Ich kann es genau so wenig vergessen, wie eine Mutter ihren Säugling vergessen kann; und ich danke Dir vielmals für die Nachfrage. Ich habe bisher zwei Druckbogen zum Korrigieren gehabt, aber der letzte bringt uns nicht weiter als bis zu Willoughbys erstem Auftreten. Mrs. K. bedauert es auf die schmeichelhafteste Weise, dass sie bis *Mai* warten muss, aber ich habe wenig Hoffnung, dass es noch im Juni erscheinen wird. Henry lässt die Sache keineswegs schleifen; er hat den Drucker zur Eile gemahnt und sagt, er geht heute noch einmal hin. Während seiner Abwesenheit wird es auch weitergehen, man schickt es an Eliza. Die *Einkünfte* bleiben, wie sie sind, aber ich werde sie ändern, wenn ich kann. Ich bin sehr erfreut über Mrs. K.s Interesse; und was immer sie danach für eine Meinung von mir hat, so wünsche ich doch von Herzen, dass ihre Neugierde früher als jetzt wohl möglich befriedigt werden könnte. Ich denke, meine Elinor wird ihr gefallen, aber sonst kann ich auf nichts bauen. …

Pride and Prejudice

It is a truth universally acknowledged, that a single man in possession of a good fortune, must be in want of a wife.

However little known the feelings or views of such a man may be on his first entering a neighbourhood, this truth is so well fixed in the minds of the surrounding families, that he is considered as the rightful property of someone or other of their daughters.

'My dear Mr. Bennet,' said his lady to him one day, 'have you heard that Netherfield Park is let at last?'

Mr. Bennet replied that he had not.

'But it is,' returned she; 'for Mrs. Long has just been here, and she told me all about it.'

Mr. Bennet made no answer.

'Do not you want to know who has taken it?' cried his wife impatiently.

'*You* want to tell me, and I have no objection to hearing it.'

This was invitation enough.

'Why, my dear, you must know, Mrs. Long says that Netherfield is taken by a young man of large fortune from the north of England; that he came down on Monday in a chaise and four to see the place, and was so much delighted with it that he agreed with Mr. Morris immediately; that he is to take possession before Michaelmas, and some of his servants are to be in the house by the end of next week.'

'What is his name?'

'Bingley.'

'Is he married or single?'

'Oh! single, my dear, to be sure! A single man of large fortune; four or five thousand a year. What a fine thing for our girls!'

Stolz und Vorurteil

Es ist eine allgemein anerkannte Tatsache, dass ein Junggeselle, der im Besitz eines stattlichen Vermögens ist, unbedingt eine Frau braucht.

Wie wenig man auch von den Empfindungen oder Ansichten eines solchen Mannes wissen mag, wenn er in einer Gegend auftaucht, so ist dies doch so tief in den Köpfen der benachbarten Familien verankert, dass sie ihn als den rechtmäßigen Besitz der einen oder anderen Tochter betrachten.

«Mein lieber Mr. Bennet», sagte seine Gattin eines Tages zu ihm, «hast du gehört, dass Netherfield Park nun endlich vermietet ist?»

Mr. Bennet verneinte.

«Es ist aber so», entgegnete sie, «Mrs. Long ist nämlich gerade hier gewesen und hat mir alles erzählt.»

Mr. Bennet antwortete nicht.

«Willst du denn gar nicht wissen, wer es gemietet hat?» rief seine Frau voller Ungeduld.

«*Du* willst es mir erzählen, und ich habe nichts dagegen, es mir anzuhören.»

Dies genügte als Aufforderung.

«Also, mein Lieber, weißt du, Mrs. Long sagt, dass ein junger Mann aus Nordengland mit einem stattlichen Vermögen Netherfield gemietet hat; dass er am Montag in einem Vierspänner hier herunter kam, um sich das Haus anzuschauen, und dass es ihm so gut gefiel, dass er sich auf der Stelle mit Mr. Morris einigte; dass er noch vor Michaeli einziehen will und dass einige seiner Dienstboten schon ab Ende nächster Woche im Haus sind.»

«Wie heißt er?»

«Bingley.»

«Ist er verheiratet oder ledig?»

«Oh, natürlich ledig, mein Lieber! Ein Junggeselle mit einem großen Vermögen; vier- oder fünftausend im Jahr. Wie schön für unsere Mädchen!»

'How so? how can it affect them?'

'My dear Mr. Bennet,' replied his wife, 'how can you be so tiresome! You must know that I am thinking of his marrying one of them.'

'Is that his design in settling here?'

'Design! nonsense, how can you talk so! But it is very likely that he *may* fall in love with one of them, and therefore you must visit him as soon as he comes.'

'I see no occasion for that. You and the girls may go, or you may send them by themselves, which perhaps will be still better, for as you are as handsome as any of them, Mr. Bingley might like you the best of the party.'

'My dear, you flatter me. I certainly *have* had my share of beauty, but I do not pretend to be anything extraordinary now. When a woman has five grown up daughters, she ought to give over thinking of her own beauty.'

'In such cases, a woman has not often much beauty to think of.'

'But, my dear, you must indeed go and see Mr. Bingley when he comes into the neighbourhood.'

'It is more than I engage for, I assure you.'

'But consider your daughters. Only think what an establishment it would be for one of them. Sir William and Lady Lucas are determined to go, merely on that account, for in general you know they visit no newcomers. Indeed you must go, for it will be impossible for *us* to visit him, if you do not.'

'You are over scrupulous surely. I dare say Mr. Bingley will be very glad to see you; and I will send a few lines by you to assure him of my hearty consent to his marrying whichever he chooses of the girls; though I must throw in a good word for my little Lizzy.'

«Wieso? Was hat das mit ihnen zu tun?»

«Mein lieber Mr. Bennet», antwortete seine Frau, «es ist wirklich mühsam mit dir. Ich stelle mir vor, musst du wissen, dass er eine von ihnen heiraten wird.»

«Kommt er zu diesem Zweck hierher?»

«Zweck? Unsinn, wie kannst du nur so daherreden! Aber es ist doch höchst wahrscheinlich, dass er sich in eine von ihnen verliebt, und deshalb musst du ihm, sobald er kommt, einen Besuch abstatten.»

«Dazu sehe ich keine Veranlassung. Du kannst ja mit den Mädchen zusammen hingehen, oder du kannst sie alleine hinschicken, was vielleicht besser wäre, sonst gefällst du vielleicht Mr. Bingley am besten, da du genauso hübsch bist wie sie.»

«Du schmeichelst, mein Lieber. Gewiss, ich habe meine Portion Schönheit gehabt, aber ich will nicht so tun, als hätte ich heute noch etwas Besonderes zu bieten. Wenn eine Frau fünf erwachsene Töchter hat, sollte sie nicht länger über ihre eigene Schönheit nachdenken.»

«In solchen Fällen hat eine Frau oft nicht viel Schönheit, über die sie nachdenken könnte.»

«Aber mein Lieber, du musst unbedingt Mr. Bingley deine Aufwartung machen, wenn er hier in die Gegend kommt.»

«Das kann ich auf keinen Fall versprechen.»

«Aber du musst doch an deine Töchter denken. Stell dir vor, was für eine gute Partie da eine von ihnen machen könnte! Sir William und Lady Lucas sind entschlossen, hinzugehen, allein aus diesem Grund; normalerweise besuchen sie ja keine Neuankömmlinge. Du musst auf jeden Fall hin, denn *wir* können ihn unmöglich besuchen, wenn du nicht vorher dort gewesen bist.»

«Du nimmst es bestimmt viel zu genau. Mr. Bingley empfängt euch sicher gerne; und ich gebe euch ein paar Zeilen mit, um ihn meines herzlichen Einverständnisses zu versichern, wenn er eine meiner Töchter heiraten will, egal welche; obwohl ich ein gutes Wort einlegen muss für meine kleine Lizzy.»

'I desire you will do no such thing. Lizzy is not a bit better than the others; and I am sure she is not half so handsome as Jane, nor half so good humoured as Lydia. But you are always giving *her* the preference.'

'They have none of them much to recommend them,' replied he; 'they are all silly and ignorant like other girls; but Lizzy has something more of quickness than her sisters.'

'Mr. Bennet, how can you abuse your own children in such a way? You take delight in vexing me. You have no compassion on my poor nerves.'

'You mistake me, my dear. I have a high respect for your nerves. They are my old friends. I have heard you mention them with consideration these twenty years at least.'

'Ah! you do not know what I suffer.'

'But I hope you will get over it, and live to see many young men of four thousand a year come into the neighbourhood.'

'It will be no use to us, if twenty such should come since you will not visit them.'

'Depend upon it, my dear, that when there are twenty, I will visit them all.'

Mr. Bennet was so odd a mixture of quick parts, sarcastic humour, reserve, and caprice, that the experience of three and twenty years had been insufficient to make his wife understand his character. *Her* mind was less difficult to develope. She was a woman of mean understanding, little information, and uncertain temper. When she was discontented she fancied herself nervous. The business of her life was to get her daughters married; its solace was visiting and news.

*

«Das verbitte ich mir. Lizzy ist kein bisschen besser als die andern. Sie ist bestimmt nicht halb so schön wie Jane, und nicht halb so fröhlich veranlagt wie Lydia. Aber du ziehst sie immer den anderen vor.»

«Keine von ihnen hat irgendwelche Vorzüge», antwortete er, «sie sind so albern und unwissend wie alle anderen Mädchen; Lizzy jedoch hat eine bessere Auffassungsgabe als ihre Schwestern.»

«Mr. Bennet, wie kannst du so schlecht von deinen Kindern reden? Es macht dir Spaß, mich zu quälen. Du hast kein Mitleid mit meinen armen Nerven.»

«Du missverstehst mich, meine Liebe. Ich hege großen Respekt für deine Nerven. Sie sind alte Freunde von mir. Ich höre dich seit mindestens zwanzig Jahren voller Fürsorge von ihnen sprechen.»

«Ach, du weißt nicht, was ich leide.»

«Ich hoffe jedoch, dass du alles überstehst und lange genug lebst, um noch viele junge Männer mit viertausend im Jahr hier in die Gegend kommen zu sehen.»

«Auch wenn noch zwanzig kämen, würde es uns nichts nützen, da du sie ja nicht besuchen willst.»

«Verlass dich drauf, meine Liebe, wenn wirklich zwanzig da sind, dann besuche ich sie alle.»

Mr. Bennet war so eine merkwürdige Mischung aus Schlagfertigkeit, sarkastischem Humor, Verschlossenheit und wechselnden Launen, dass seine Frau auch nach dreiundzwanzig Jahren Erfahrung noch nicht imstande war, sein Wesen zu ergründen. Was in *ihr* vorging, war erheblich leichter zu verstehen. Sie war eine Frau von schwacher Auffassungsgabe, geringer Bildung und unausgeglichenem Naturell. Wenn sie unzufrieden war, hielt sie sich für nervlich angegriffen. Ihre Töchter unter die Haube zu bringen war die große Aufgabe ihres Lebens; die Freuden ihres Lebens waren Besuche und der neueste Klatsch.

*

When the ladies removed after dinner, Elizabeth ran up to her sister, and seeing her well guarded from cold, attended her into the drawing-room; where she was welcomed by her two friends with many professions of pleasure; and Elizabeth had never seen them so agreeable as they were during the hour which passed before the gentlemen appeared. Their powers of conversation were considerable. They could describe an entertainment with accuracy, relate an anecdote with humour, and laugh at their acquaintance with spirit.

But when the gentlemen entered, Jane was no longer the first object. Miss Bingley's eyes were instantly turned towards Darcy, and she had something to say to him before he had advanced many steps. He addressed himself directly to Miss Bennet, with a polite congratulation; Mr. Hurst also made her a slight bow, and said he was 'very glad'; but diffuseness and warmth remained for Bingley's salutation. He was full of joy and attention. The first half hour was spent in piling up the fire, lest she should suffer from the change of room; and she removed at his desire to the other side of the fire-place, that she might be farther from the door. He then sat down by her, and talked scarcely to anyone else. Elizabeth, at work in the opposite corner, saw it all with great delight.

When tea was over, Mr. Hurst reminded his sister-in-law of the card-table – but in vain. She had obtained private intelligence that Mr. Darcy did not

Jane Bennet ist zu Gast auf Netherfield bei Mr. Bingley und seiner Schwester. Jane wird krank und muss einige Tage das Bett hüten. Ihre Schwester Elizabeth Bennet kommt und leistet ihr Gesellschaft. Andere Gäste auf Netherfield sind Bingleys Freund Mr. Darcy sowie Mr. und Mrs. Hurst.

Als sich die Damen nach Tisch zurückzogen, lief Elizabeth zu ihrer Schwester hinauf und führte sie, nachdem sie sich überzeugt hatte, dass sie gut gegen die Kälte geschützt war, in den Salon, wo sie von ihren beiden Freundinnen mit überschwenglichen Zeichen der Freude begrüßt wurde. Elizabeth hatte sie noch nie so sympathisch gefunden wie jetzt in dieser Stunde, bevor die Herren erschienen. Ihre Fähigkeiten zur Konversation waren beachtlich. Sie konnten eine Lustbarkeit mit Genauigkeit beschreiben, eine Anekdote mit Humor wiedergeben und sich äußerst munter über ihre Bekannten lustig machen.

Als jedoch die Herren den Raum betraten, stand Jane nicht länger im Mittelpunkt; Miss Bingleys Augen wandten sich sofort Darcy zu, und noch bevor er überhaupt nähergetreten war, wusste sie ihm schon etwas zu sagen. Er wandte sich sogleich an Miss Bennet mit einem höflichen Glückwunsch. Mr. Hurst machte ihr ebenfalls eine kleine Verbeugung und sagte, er sei «sehr froh». Aber erst Bingleys ausgiebige Begrüßung strahlte Wärme aus. Er war erfüllt von Freude und Aufmerksamkeit. Die erste halbe Stunde verging mit dem Aufschichten des Feuers, damit sie nur ja nicht unter dem Wechsel der Raumtemperatur leide. Auf seinen Wunsch hin begab sie sich auf die andere Seite des Kamins, um weiter von der Tür entfernt zu sein. Dann setzte er sich neben sie und sprach fast ausschließlich mit ihr. Elizabeth, die in der Ecke gegenüber an ihrer Arbeit saß, beobachtete dies alles mit dem größten Vergnügen.

Nach dem Tee deutete Mr. Hurst seiner Schwägerin Interesse am Kartentisch an – vergeblich. Sie hatte sich die vertrauliche Information beschafft, dass Mr. Darcy am Kartenspiel

wish for cards; and Mr. Hurst soon found even his open petition rejected. She assured him that no one intended to play, and the silence of the whole party on the subject seemed to justify her. Mr. Hurst had therefore nothing to do, but to stretch himself on one of the sophas and go to sleep. Darcy took up a book; Miss Bingley did the same; and Mrs. Hurst, principally occupied in playing with her bracelets and rings, joined now and then in her brother's conversation with Miss Bennet.

Miss Bingley's attention was quite as much engaged in watching Mr. Darcy's progress through *his* book, as in reading her own; and she was perpetually either making some inquiry, or looking at his page. She could not win him, however, to any conversation; he merely answered her question, and read on. At length, quite exhausted by the attempt to be amused with her own book, which she had only chosen because it was the second volume of his, she gave a great yawn and said, 'How pleasant it is to spend an evening in this way! I declare after all there is no enjoyment like reading! How much sooner one tires of anything than of a book! – When I have a house of my own, I shall be miserable if I have not an excellent library.'

No one made any reply. She then yawned again, threw aside her book, and cast her eyes round the room in quest of some amusement; when hearing her brother mentioning a ball to Miss Bennet, she turned suddenly towards him and said,

'By the bye, Charles, are you really serious in meditating a dance at Netherfield? – I would advise you, before you determine on it, to consult the wishes of the present party; I am much mistaken if there are not some among us to whom a ball would be rather a punishment than a pleasure.'

keinen Gefallen fand, und Mr. Hurst musste bald erleben, wie auch seine offene Bitte zurückgewiesen wurde. Sie versicherte ihm, keiner habe die Absicht zu spielen, und die Tatsache, dass die ganze Gesellschaft zu der Frage schwieg, schien ihr recht zu geben. Mr.Hurst blieb also nichts anderes übrig, als sich auf einem Sofa auszustrecken und in Schlaf zu versinken. Darcy nahm ein Buch zur Hand. Miss Bingley tat desgleichen. Und Mrs. Hurst, die in erster Linie damit beschäftigt war, mit ihren Armreifen und Ringen zu spielen, mischte sich ab und zu in das Gespräch zwischen ihrem Bruder und Miss Bennet ein.

Miss Bingley widmete der Beobachtung, wie Mr. Darcy in seinem Buch vorwärtskam, mindestens ebenso viel Aufmerksamkeit wie der Lektüre ihres eigenen. Ständig hatte sie etwas zu fragen oder einen Blick auf die Seite, die er gerade las, zu werfen. Sie konnte ihn jedoch nicht für ein Gespräch gewinnen. Er beantwortete lediglich ihre Frage und las weiter. Ganz erschöpft von dem Versuch, sich mit ihrem eigenen Buch zu amüsieren, das sie nur deshalb ausgewählt hatte, weil es der zweite Band zu seinem war, gähnte sie schließlich ausgiebig und sagte: « Wie angenehm ist es doch, den Abend auf solche Weise zu verbringen! Ich gebe hiermit bekannt, es gibt kein größeres Vergnügen als Lesen! Alles andere hat man schneller satt als ein Buch. Wenn ich einmal ein eigenes Haus habe, werde ich ohne eine ausgezeichnete Bibliothek todunglücklich sein. »

Keiner antwortete. Da gähnte sie erneut, warf ihr Buch zur Seite und ließ ihre Augen auf der Suche nach einer Zerstreuung durch den Raum schweifen. Als sie ihren Bruder zu Miss Bennet von einem Ball sprechen hörte, wandte sie sich rasch zu ihm und sagte:

« Ach übrigens, Charles, denkst du wirklich ernsthaft über einen Tanzabend in Netherfield nach? Bevor du da eine Entscheidung triffst, rate ich dir, die Meinung der hier anwesenden Gesellschaft zu erfragen. Ich müsste mich sehr täuschen, wenn ein Ball nicht für einige von uns eher eine Strafe als ein Vergnügen ist. »

'If you mean Darcy,' cried her brother, 'he may go to bed, if he chooses, before it begins – but as for the ball, it is quite a settled thing; and as soon as Nicholls has made white soup enough I shall send round my cards.'

'I should like balls infinitely better,' she replied, 'if they were carried on in a different manner; but there is something insufferably tedious in the usual process of such a meeting. It would surely be much more rational if conversation instead of dancing made the order of the day.'

'Much more rational, my dear Caroline, I dare say, but it would not be near so much like a ball.'

Miss Bingley made no answer; and soon afterwards got up and walked about the room. Her figure was elegant, and she walked well; – but Darcy, at whom it was all aimed, was still inflexibly studious. In the desperation of her feelings she resolved on one effort more; and, turning to Elizabeth, said,

'Miss Eliza Bennet, let me persuade you to follow my example, and take a turn about the room. – I assure you it is very refreshing after sitting so long in one attitude.'

Elizabeth was surprised, but agreed to it immediately. Miss Bingley succeeded no less in the real object of her civility; Mr. Darcy looked up. He was as much awake to the novelty of attention in that quarter as Elizabeth herself could be, and unconsciously closed his book. He was directly invited to join their party, but he declined it, observing, that he could imagine but two motives for their choosing to walk up and down the room together, with either of which motives his joining them would interfere. 'What could he mean? she was dying to know what could be his meaning' – and asked Elizabeth whether she could at all understand him?

«Wenn du von Darcy sprichst», rief ihr Bruder, «der kann, wenn er will, ins Bett gehen, bevor es anfängt. Aber was den Ball betrifft, der ist beschlossene Sache, und sobald Nicholls genug Weiße Suppe gemacht hat, schicke ich meine Karten herum.»

«Mir gefielen Bälle unendlich viel besser,» antwortete sie, «wenn sie auf andere Weise organisiert würden. Im üblichen Ablauf einer solchen Zusammenkunft liegt eine unerträgliche Langeweile. Es wäre sicher viel vernünftiger, das Programm würde vom Gespräch bestimmt und nicht vom Tanzen.»

«Sehr viel vernünftiger, meine liebe Caroline, gewiss; aber es würde dann eben nicht mehr so sehr nach einem Ball aussehen.»

Miss Bingley gab keine Antwort. Bald darauf erhob sie sich und ging im Zimmer umher. Sie hatte eine elegante Figur und wusste schön zu schreiten. Darcy jedoch, das Ziel all dieser Bemühungen, blieb unbeugsam in seinem Wissensdurst. Im Gefühl der Verzweiflung beschloss sie, noch einen Versuch zu wagen, und wandte sich an Elizabeth:

«Miss Eliza Bennet, lassen Sie sich überreden, meinem Beispiel zu folgen und etwas im Zimmer umherzuwandern. Das ist sehr belebend, versichere ich Ihnen, wenn man so lange in ein und derselben Haltung gesessen hat.»

Elizabeth war überrascht, aber sofort einverstanden. Beim eigentlichen Objekt ihrer höflichen Bemühungen hatte Miss Bingley nicht weniger Erfolg: Mr. Darcy blickte hoch. Die ungewohnte Zuwendung von jener Seite fiel ihm ebenso auf wie Elizabeth, und er machte unwillkürlich sein Buch zu. Sogleich wurde er aufgefordert, sich ihnen anzuschließen, lehnte dies jedoch ab mit der Bemerkung, er könne sich nur zwei Beweggründe für ihre Entscheidung vorstellen, zusammen im Zimmer auf und ab zu gehen, und beiden Beweggründen würde es zuwiderlaufen, würde er sich ihnen anschließen. Was konnte er wohl meinen? Sie wollte brennend gern erfahren, was er damit meinte, und fragte Elizabeth, ob sie mit seinen Worten irgendetwas anfangen könne.

'Not at all,' was her answer; 'but depend upon it, he means to be severe on us, and our surest way of disappointing him will be to ask nothing about it.'

Miss Bingley, however, was incapable of disappointing Mr. Darcy in anything, and persevered therefore in requiring an explanation of his two motives.

'I have not the smallest objection to explaining them,' said he, as soon as she allowed him to speak. 'You either choose this method of passing the evening because you are in each other's confidence and have secret affairs to discuss, or because you are conscious that your figures appear to the greatest advantage in walking; – if the first, I should be completely in your way; – and if the second, I can admire you much better as I sit by the fire.'

'Oh! shocking!' cried Miss Bingley. 'I never heard anything so abominable. How shall we punish him for such a speech?'

'Nothing so easy, if you have but the inclination,' said Elizabeth. 'We can all plague and punish one another. Tease him – laugh at him. – Intimate as you are, you must know how it is to be done.'

'But upon my honour I do *not*. I do assure you that my intimacy has not yet taught me *that*. Tease calmness of temper and presence of mind! No, no – I feel he may defy us there. And as to laughter, we will not expose ourselves, if you please, by attempting to laugh without a subject. Mr. Darcy may hug himself.'

'Mr. Darcy is not to be laughed at!' cried Elizabeth. 'That is an uncommon advantage, and uncommon I hope it will continue, for it would be a great loss to *me* to have many such acquaintance. I dearly love a laugh.'

'Miss Bingley,' said he, 'has given me credit for

«Überhaupt nichts», war die Antwort. «Sie können sich jedoch darauf verlassen, er hat vor, ein strenges Urteil über uns zu fällen, und der sicherste Weg, ihn zu enttäuschen, ist der, nicht nachzufragen.»

Miss Bingley war jedoch unfähig, Mr. Darcy wie auch immer zu enttäuschen, und beharrte deshalb auf einer Erklärung der beiden Beweggründe.

«Ich habe nicht das geringste dagegen, sie darzulegen», sagte er, sobald sie ihn zu Wort kommen ließ. «Sie wählen diese Art der Abendbeschäftigung entweder, weil Sie in aller Vertraulichkeit Geheimnisse zu besprechen haben, oder weil Sie sich der Tatsache bewusst sind, dass Sie beim Umhergehen die beste Figur machen; im ersten Fall wäre ich Ihnen ganz und gar im Weg, und im zweiten kann ich Sie viel besser bewundern, wenn ich hier am Feuer sitze.»

«Oh, wie schockierend!» rief Miss Bingley. «Noch nie habe ich so etwas Abscheuliches gehört. Wie sollen wir ihn für eine solche Bemerkung bestrafen?»

«Nichts leichter als das, wenn Sie nur wollen», sagte Elizabeth. «Wir können uns alle gegenseitig quälen und strafen. Necken Sie ihn – lachen Sie ihn aus. Da Sie ihn so gut kennen, wissen Sie sicher, wie das zu machen ist.»

«Bei meiner Ehre, das weiß ich nicht. Ich versichere Sie, dass meine Freundschaft mit ihm mich *das* noch nicht gelehrt hat. Wie soll man Ausgeglichenheit und Geistesgegenwart necken! Nein, nein; ich habe das Gefühl, er ist in diesem Punkt nicht anzugreifen. Und was das Lachen betrifft, so wollen wir uns doch bitte nicht bloßstellen, indem wir zu lachen versuchen, ohne eine Zielscheibe zu haben. Mr. Darcy kann sich beglückwünschen.»

«Mr. Darcy darf man also nicht auslachen!» rief Elizabeth. «Ein Vorteil, der sehr ungewöhnlich ist und es hoffentlich auch bleibt, denn für *mich* wäre es ein großer Verlust, viele solche Menschen in meiner Bekanntschaft zu haben. Ich lache für mein Leben gern.»

«Miss Bingley», sagte er, «gibt mir zuviel der Ehre. Die

more than can be. The wisest and the best of men, nay, the wisest and best of their actions, may be rendered ridiculous by a person whose first object in life is a joke.'

'Certainly,' replied Elizabeth – 'there are such people, but I hope I am not one of *them*. I hope I never ridicule what is wise or good. Follies and nonsense, whims and inconsistencies *do* divert me, I own, and I laugh at them whenever I can. – But these, I suppose, are precisely what you are without.'

'Perhaps that is not possible for anyone. But it has been the study of my life to avoid those weaknesses which often expose a strong understanding to ridicule.'

'Such as vanity and pride.'

'Yes, vanity is a weakness indeed. But pride – where there is a real superiority of mind, pride will be always under good regulation.'

Elizabeth turned away to hide a smile.

'Your examination of Mr. Darcy is over, I presume,' said Miss Bingley; – 'and pray what is the result?'

'I am perfectly convinced by it that Mr. Darcy has no defect. He owns it himself without disguise.'

'No' – said Darcy, 'I have made no such pretension. I have faults enough, but they are not, I hope, of understanding. My temper I dare not vouch for. – It is I believe too little yielding – certainly too little for the convenience of the world. I cannot forget the follies and vices of others so soon as I ought, nor their offences against myself. My feelings are not puffed about with every attempt to move them. My temper would perhaps be called resentful. – My good opinion once lost is lost for ever.'

'*That* is a failing indeed!' – cried Elizabeth. 'Implacable resentment is a shade in a character. But you

weisesten und besten unter den Männern – nein, ihre weisesten und besten Taten – können der Lächerlichkeit preisgegeben werden durch jemand, dessen wichtigster Lebensinhalt das Witzemachen ist.»

«Gewiss», antwortete Elizabeth, «solche Menschen gibt es; ich hoffe jedoch, zu *denen* gehöre ich nicht. Ich hoffe, ich mache mich nie über das Weise und Gute lustig. Torheiten und Unsinn, Schrullen und Ungereimtheiten, darüber kann ich mich amüsieren, das gebe ich zu, und lache darüber, wo immer ich kann. Aber genau davon sind Sie frei, nehme ich an.»

«Das ist wohl keinem Menschen möglich. Aber ich habe mich mein ganzes Leben bemüht, die Schwächen zu vermeiden, die anderen häufig zu Spott Anlass geben.»

«Wie zum Beispiel Eitelkeit und Stolz.»

«Ja, Eitelkeit ist in der Tat eine Schwäche. Stolz jedoch – wo wirklich eine geistige Überlegenheit da ist – Stolz lässt sich immer gut im Griff behalten.»

Elizabeth wandte sich ab, um ein Lächeln zu verbergen.

«Sie haben Mr. Darcy nun fertig examiniert, nehme ich an», sagte Miss Bingley; «und was, bitte, ist dabei herausgekommen?»

«Ich habe mich rundum davon überzeugt, dass Mr. Darcy keinen Fehler hat. Er gibt dies auch ohne Umschweife zu.»

«Nein», sagte Darcy, «einen solchen Anspruch habe ich nicht erhoben. Ich habe Fehler genug, aber nicht, wie ich hoffe, im Bereich der Erkenntnis. Für mein Temperament kann ich nicht garantieren. Es macht zu wenig Zugeständnisse, denke ich; mit Sicherheit weniger, als der Welt angenehm ist. Ich kann die Torheiten und Fehler anderer nicht so schnell vergessen, wie ich sollte, und auch nicht, was andere mir angetan haben. Meine Gefühle lassen sich nicht ohne weiteres beeinflussen. Man könnte mich vielleicht nachtragend nennen. Wer meinen Respekt einmal verloren hat, hat ihn für immer verloren.»

«*Das* ist tatsächlich eine Schwäche», rief Elizabeth. «Unversöhnlicher Groll ist ein Schatten auf einem Charakter. Sie

have chosen your fault well. – I really cannot *laugh* at it. You are safe from me.'

'There is, I believe, in every disposition a tendency to some particular evil, a natural defect, which not even the best education can overcome.'

'And *your* defect is a propensity to hate everybody.'

'And yours,' he replied with a smile, 'is wilfully to misunderstand them.'

'Do let us have a little music,' – cried Miss Bingley, tired of a conversation in which she had no share. – 'Louisa, you will not mind my waking Mr. Hurst.'

Her sister made not the smallest objection, and the piano forte was opened, and Darcy, after a few moments recollection, was not sorry for it. He began to feel the danger of paying Elizabeth too much attention.

*

One morning, about a week after Bingley's engagement with Jane had been formed, as he and the females of the family were sitting together in the dining room, their attention was suddenly drawn to the window, by the sound of a carriage; and they perceived a chaise and four driving up the lawn. It was too early in the morning for visitors, and besides, the equipage did not answer to that of any of their neighbours. The horses were post; and neither the carriage, nor the livery of the servant who preceeded it, were familiar to them. As it was certain, however, that somebody was coming, Bingley instantly prevailed on Miss Bennet to avoid the confinement of such an intrusion, and walk away with him into the shrubbery. They both set off, and the con-

haben Ihren Fehler allerdings gut gewählt. *Lachen* kann ich darüber wirklich nicht. Sie sind vor mir sicher.»

«Es gibt wohl in der Veranlagung jedes Menschen die Neigung zu einer schlechten Eigenschaft, einen angeborenen Fehler, den auch die beste Erziehung nicht überwinden kann.»

«Und Ihr Fehler ist eine Neigung, jedermann zu hassen.»

«Und Ihrer ist es», antwortete er mit einem Lächeln, «jedermann absichtlich misszuverstehen.»

«Wir wollen ein wenig Musik hören», rief Miss Bingley, eines Gesprächs überdrüssig, an dem sie nicht teilhatte. «Louisa, du hast doch nichts dagegen, wenn ich Mr. Hurst wecke.»

Ihre Schwester hatte nicht den geringsten Einwand, und so öffnete man das Pianoforte; und nach kurzer Überlegung war Darcy ganz froh darüber. Er geriet allmählich in Gefahr, bemerkte er, Elizabeth zu viel Beachtung zu schenken.

*

Mrs. Bennet hat eine ihrer Töchter, Jane, glücklich unter die Haube gebracht. Elizabeth hat ihre Liebe zu Mr. Darcy entdeckt, aber noch keine Klarheit über seine Gefühle. Lady Catherine de Burgh ist Darcys reiche Tante.

Eines Morgens, als Bingley mit den Damen der Familie im Esszimmer zusammensaß, etwa eine Woche nach seiner Verlobung mit Jane, hörten sie plötzlich das Geräusch eines Wagens und schauten alle zum Fenster; sie sahen einen Vierspänner über den Rasen heranfahren. Für Besucher war es zu früh am Morgen, und außerdem hatte keiner der Nachbarn eine solche Equipage. Es handelte sich um Postpferde; aber weder der Wagen noch die Livree des Dieners, der vorausritt, waren ihnen bekannt. Da jedoch mit Sicherheit jemand im Kommen war, überredete Mr. Bingley unverzüglich Miss Bennet, sich der Einengung durch eine solche Störung zu entziehen und mit ihm zwischen den Rabatten spazierenzugehen. Sie machten sich zusammen auf den

jectures of the remaining three continued, though with little satisfaction, till the door was thrown open, and their visitor entered. It was Lady Catherine de Bourgh.

They were of course all intending to be surprised; but their astonishment was beyond their expectation; and on the part of Mrs. Bennet and Kitty, though she was perfectly unknown to them, even inferior to what Elizabeth felt.

She entered the room with an air more than usually ungracious, made no other reply to Elizabeth's salutation, than a slight inclination of the head, and sat down without saying a word. Elizabeth hat mentioned her name to her mother, on her ladyship's entrance, though no request of introduction had been made.

Mrs. Bennet all amazement, though flattered by having a guest of such high importance, received her with the utmost politeness. After sitting for a moment in silence, she said very stiffly to Elizabeth,

'I hope you are well, Miss Bennet. That lady I suppose is your mother?'

Elizabeth replied very concisely that she was.

'And *that* I suppose is one of your sisters.'

'Yes, madam,' said Mrs. Bennet, delighted to speak to a Lady Catherine. 'She is my youngest girl but one. My youngest of all is lately married, and my eldest is somewhere about the grounds, walking with a young man, who I believe will soon become a part of the family.'

'You have a very small park here,' returned Lady Catherine after a short silence.

'It is nothing in comparison of Rosings, my lady, I dare say; but I assure you it is much larger than Sir William Lucas's.'

'This must be a most inconvenient sitting-room for the evening, in summer; the windows are full west.'

Mrs. Bennet assured her that they never sat there after dinner; and then added,

Weg, und die restlichen drei stellten weiterhin sehr unbefriedigende Vermutungen an, bis die Tür aufgerissen wurde und der Gast eintrat. Es war Lady Catherine de Bourgh.

Sie hatten natürlich alle mit einer Überraschung gerechnet; aber ihr Erstaunen war weit größer als erwartet, weniger noch bei Mrs. Bennet und Kitty, obwohl sie ihnen gänzlich unbekannt war, als bei Elizabeth.

Sie betrat das Zimmer mit einem noch ungnädigeren Gehabe als sonst, beantwortete Elizabeths Begrüßung nur mit einem leichten Kopfnicken und nahm Platz, ohne ein Wort zu sagen. Beim Eintritt Ihrer Ladyschaft hatte Elizabeth der Mutter den Namen genannt, obwohl man keine Vorstellung von ihr verlangt hatte.

Mrs. Bennet, höchst erstaunt, wenn auch geschmeichelt durch den hohen Gast, empfing sie mit ausgesuchter Höflichkeit. Nachdem sie einen Augenblick schweigend dagesessen hatten, sagte Lady Catherine sehr steif zu Elizabeth:

«Ich hoffe, es geht Ihnen gut, Miss Bennet. Diese Lady dort, nehme ich an, ist Ihre Mutter?»

Elizabeth bestätigte dies mit knappen Worten.

«Und *das*, nehme ich an, ist eine Ihrer Schwestern?»

«Ja, Madam», sagte Mrs. Bennet, hoch erfreut, dass sie mit einer Lady Catherine sprechen durfte. «Sie ist meine zweitjüngste Tochter. Meine Jüngste hat soeben geheiratet, und meine Älteste geht irgendwo draußen im Garten spazieren, mit einem jungen Mann, der wohl demnächst ein Teil der Familie wird.»

«Sie haben einen sehr kleinen Park hier», anwortete Lady Catherine nach kurzem Schweigen.

«Er ist natürlich nichts im Vergleich zu Rosings, Mylady, aber ich versichere Ihnen, er ist viel größer als der von Sir William Lucas.»

«Es muss sehr unangenehm sein, im Sommer abends hier zu sitzen; die Fenster gehen genau nach Westen.»

Mrs. Bennet betonte, man sitze hier nie nach dem Essen, und fügte dann hinzu:

'May I take the liberty of asking your ladyship whether you left Mr. and Mrs. Collins well?'

'Yes, very well. I saw them the night before last.'

Elizabeth now expected that she would produce a letter for her from Charlotte, as it seemed the only probable motive for her calling. But no letter appeared, and she was completely puzzled.

Mrs. Bennet, with great civility, begged her ladyship to take some refreshment; but Lady Catherine very resolutely, and not very politely, declined eating anything; and then rising up, said to Elizabeth,

'Miss Bennet, there seemed to be a prettyish kind of a little wilderness on one side of your lawn. I should be glad to take a turn in it, if you will favour me with your company.'

'Go, my dear,' cried her mother, 'and show her ladyship about the different walks. I think she will be pleased with the hermitage.'

Elizabeth obeyed, and running into her own room for her parasol, attended her noble guest downstairs. As they passed through the hall, Lady Catherine opened the doors into the dining-parlour and drawing-room, and pronouncing them, after a short survey, to be decent looking rooms, walked on.

Her carriage remained at the door, and Elizabeth saw that her waiting-woman was in it. They proceeded in silence along the gravel walk that led to the copse; Elizabeth was determined to make no effort for conversation with a woman who was now more than usually insolent and disagreeable.

'How could I ever think her like her nephew?' said she, as she looked in her face.

As soon as they entered the copse, Lady Catherine began in the following manner: –

'You can be at no loss, Miss Bennet, to understand

«Darf ich mir erlauben, Eure Ladyschaft zu fragen, ob Mr. und Mrs. Collins bei Ihrer Abfahrt wohlauf waren?»

«Durchaus. Ich sah sie vorgestern abend.»

Elizabeth erwartete, dass sie jetzt einen Brief von Charlotte für sie herausziehen würde; dies schien der einzig mögliche Anlass für ihren Besuch zu sein. Aber es kam kein Brief, und sie war völlig verwirrt.

Mit erlesener Höflichkeit bat Mrs. Bennet Ihre Ladyschaft, doch einige Erfrischungen zu sich zu nehmen; Lady Catherine lehnte es sehr bestimmt und nicht besonders höflich ab, irgend etwas zu essen, und wandte sich dann an Elizabeth, indem sie sich erhob:

«Miss Bennet, am Rand Ihres Rasens scheint es eine ganz nette kleine Wildnis zu geben. Ich würde dort gerne etwas spazierengehen, wenn Sie mich begleiten wollen.»

«Geh nur, meine Liebe», rief ihre Mutter, «und zeige Ihrer Ladyschaft alle die verschiedenen Wege. Die Eremitage gefällt ihr sicher.»

Elizabeth gehorchte, lief in ihr Zimmer, um ihren Sonnenschirm zu holen, und geleitete ihren vornehmen Gast die Treppe hinunter. Als sie durch die Eingangshalle gingen, öffnete Lady Catherine die Türen zum Speisesaal und zum Salon, verkündete nach kurzer Inspektion, die Zimmer sähen ganz anständig aus, und ging weiter.

Ihr Wagen wartete vor der Tür. Elizabeth sah die Kammerzofe darin sitzen. Schweigend schritten sie über den Kiesweg auf das Wäldchen zu. Elizabeth war entschlossen, sich um kein Gespräch mit dieser Frau zu bemühen, die sich noch unverschämter und unerträglicher als sonst verhielt.

«Wie konnte ich jemals glauben, dass sie ihrem Neffen ähnlich sieht», sagte sie sich, als sie einen Blick auf ihr Gesicht warf.

Sobald sie das Wäldchen betraten, begann Lady Catherine folgendermaßen:

«Der Grund meiner Reise hierher kann Ihnen nicht ver-

the reason of my journey hither. Your own heart, your own conscience, must tell you why I come.'

Elizabeth looked with unaffected astonishment.

'Indeed, you are mistaken, Madam. I have not been at all able to account for the honour of seeing you here.'

'Miss Bennet,' replied her ladyship, in an angry tone, 'you ought to know, that I am not to be trifled with. But however insincere *you* may choose to be, you shall not find *me* so. My character has ever been celebrated for its sincerity and frankness, and in a cause of such moment as this, I shall certainly not depart from it. A report of a most alarming nature reached me two days ago. I was told, that not only your sister was on the point of being most advantageously married, but that *you*, that Miss Elizabeth Bennet, would, in all likelihood, be soon afterwards united to my nephew, my own nephew, Mr. Darcy. Though I *know* it must be a scandalous falsehood; though I would not injure him so much as to suppose the truth of it possible, I instantly resolved on setting off for this place, that I might make my sentiments known to you.'

'If you believed it impossible to be true,' said Elizabeth, colouring with astonishment and disdain, 'I wonder you took the trouble of coming so far. What could your ladyship propose by it?'

'At once to insist upon having such a report universally contradicted.'

'Your coming to Longbourn, to see me and my family,' said Elizabeth, coolly, 'will be rather a confirmation of it; if, indeed, such a report is in existence.'

'If! do you then pretend to be ignorant of it? Has it not been industriously circulated by yourselves? Do you not know that such a report is spread abroad?'

'I never heard that it was.'

borgen sein, Miss Bennet. Ihr Herz, Ihr Gewissen muss Ihnen sagen, warum ich hier bin.»

Elizabeth sah sie mit aufrichtigem Erstaunen an.

«Sie täuschen sich, Madam; ich habe mir überhaupt nicht erklären können, was uns die Ehre Ihres Besuchs gibt.»

«Miss Bennet», entgegnete Ihre Ladyschaft in verärgertem Ton, «Sie sollten wissen, dass man mit mir keine Spielchen treibt. Aber mögen *Sie* auch noch so unaufrichtig zu sein belieben, von *mir* werden Sie das gleiche nicht erleben. Man hat meinen Charakter immer für seine Aufrichtigkeit und Offenheit gerühmt; und in einem so gewichtigen Fall wie diesem werde ich davon gewiss nicht abweichen. Vor zwei Tagen hat mich ein höchst beunruhigendes Gerücht erreicht. Ich erfuhr, dass nicht nur Ihre Schwester kurz vor einer sehr vorteilhaften Eheschließung stehe, sondern dass auch *Sie*, dass Miss Elizabeth Bennet aller Wahrscheinlichkeit nach sich bald darauf mit meinem Neffen verbinden werde, mit meinem eigenen Neffen, Mr. Darcy. Obwohl ich *weiß*, dass es sich um eine abscheuliche Lüge handeln muss, obwohl ich ihn nicht so tief beleidigen möchte, zu glauben, dies könnte die Wahrheit sein, beschloss ich sofort, mich hierher zu begeben, um Ihnen meine Meinung zu sagen.»

«Wenn Sie glaubten, dies könne unmöglich wahr sein», sagte Elizabeth und errötete vor Überraschung und Abscheu, «dann wundere ich mich, dass Sie sich die Mühe der weiten Reise gemacht haben. Welche Absicht kann Eure Ladyschaft damit verfolgen?»

«Unverzüglich darauf zu bestehen, dass dieses Gerücht ein für allemal für nichtig erklärt wird.»

«Dass Sie nach Longborn kommen, um mich und meine Familie zu besuchen», sagte Elizabeth kühl, «wird es eher bestätigen; falls überhaupt ein solches Gerücht existiert.»

«Falls! Wollen Sie so tun, als wüssten Sie nichts davon? Haben Sie es nicht eifrig herumgetragen? Ist Ihnen nicht bekannt, dass ein solches Gerücht verbreitet wird?»

«Ich habe nie etwas davon gehört.»

'And can you likewise declare, that there is no *foundation* for it?'

'I do not pretend to possess equal frankness with your ladyship. *You* may ask questions which *I* shall not choose to answer.'

'This is not to be borne. Miss Bennet, I insist on being satisfied. Has he, has my nephew, made you an offer of marriage?'

'Your ladyship has declared it to be impossible.'

'It ought to be so; it must be so, while he retains the use of his reason. But *your* arts and allurements may, in a moment of infatuation, have made him forget what he owes to himself and to all his family. You may have drawn him in.'

'If I had, I shall be the last person to confess it.'

'Miss Bennet, do you know who I am? I have not been accustomed to such language as this. I am almost the nearest relation he has in the world, and am entitled to know all his dearest concerns.'

'But you are not entitled to know *mine*; nor will such behaviour as this ever induce me to be explicit.'

'Let me be rightly understood. This match, to which you have the presumption to aspire, can never take place. No, never. Mr. Darcy is engaged to *my daughter*. Now what have you to say?'

'Only this; that if he is so, you can have no reason to suppose he will make an offer to me.'

Lady Catherine hesitated for a moment, and then replied,

'The engagement between them is of a peculiar kind. From their infancy, they have been intended for each other. It was the favourite wish of *his* mother, as well as of her's. While in their cradles, we planned the union: and now, at the moment when the wishes of both sisters would be accomplished, in

«Und können Sie gleichermaßen versichern, dass es keine *Grundlage* dafür gibt?»

«Ich will nicht so tun, als verfügte ich über die gleiche Offenheit wie Eure Ladyschaft. *Sie* können gerne Fragen stellen, die *ich* nicht gewillt bin, zu beantworten.»

«Das ist unerträglich. Miss Bennet, ich bestehe darauf, dass Sie mir eine befriedigende Antwort geben. Hat er, hat mein Neffe Ihnen einen Heiratsantrag gemacht?»

«Eure Ladyschaft hat dies als unmöglich bezeichnet.»

«Es sollte eigentlich, es muss unmöglich sein, solange er bei klarem Verstand ist. Doch könnten *Ihre* List und Verführungskünste ihn in einem Augenblick der Verblendung haben vergessen lassen, was er sich und seiner ganzen Familie schuldig ist. Vielleicht haben Sie ihn verführt.»

«In diesem Fall wäre ich die letzte, die dies zugeben würde.»

«Miss Bennet, wissen Sie eigentlich, wer ich bin? Ich bin eine solche Sprache nicht gewöhnt. Ich bin mehr oder weniger die engste Verwandte, die er auf der ganzen Welt hat, und habe das Recht, über alle seine persönlichen Angelegenheiten Bescheid zu wissen.»

«Aber nicht über die *meinen;* und ein solches Verhalten wird mich niemals dazu bewegen, offen zu sprechen.»

«Dass Sie mich richtig verstehen. Diese Verbindung, die Sie sich zu erhoffen anmaßen, kann niemals vollzogen werden. Nein, niemals. Mr. Darcy ist mit *meiner Tochter* verlobt. Nun, was haben Sie dazu zu sagen?»

«Nichts weiter, als dass Sie in diesem Fall keine Ursache für die Vermutung haben können, er werde mir einen Antrag machen.»

Lady Catherine zögerte einen Augenblick, dann entgegnete sie:

«Die Verlobung der beiden ist von besonderer Art. Von Kindheit an sind sie füreinander bestimmt. Es war der liebste Wunsch *seiner* und auch ihrer Mutter. Als sie noch in der Wiege lagen, haben wir schon die Verbindung geplant. Und jetzt, da der Wunsch beider Schwestern sich in ihrer Hochzeit erfüllen soll, die Sache vereitelt zu sehen durch eine junge

their marriage, to be prevented by a young woman of inferior birth, of no importance in the world, and wholly unallied to the family! Do you pay no regard to the wishes of his friends? To his tacit engagement with Miss De Bourgh? Are you lost to every feeling of propriety and delicacy? Have you not heard me say, that from his earliest hours he was destined for his cousin?'

'Yes, and I had heard it before. But what is that to me? If there is no other objection to my marrying your nephew, I shall certainly not be kept from it, by knowing that his mother and aunt wished him to marry Miss De Bourgh. You both did as much as you could, in planning the marriage. Its completion depended on others. If Mr. Darcy is neither by honour nor inclination confined to his cousin, why is not he to make another choice? And if I am that choice, why may not I accept him?'

'Because honour, decorum, prudence, nay, interest, forbid it. Yes, Miss Bennet, interest; for do not expect to be noticed by his family or friends, if you wilfully act against the inclinations of all. You will be censured, slighted, and despised, by everyone connected with him. Your alliance will be a disgrace; your name will never even be mentioned by any of us.'

'These are heavy misfortunes,' replied Elizabeth. 'But the wife of Mr. Darcy must have such extraordinary sources of happiness necessarily attached to her situation, that she could, upon the whole, have no cause to repine.'

'Obstinate, headstrong girl! I am ashamed of you! Is this your gratitude for my attentions to you last spring? Is nothing due to me on that score? Let us sit down. You are to understand, Miss Bennet, that I came here with the determined resolution of carrying my purpose; nor will I be dissuaded

Frau minderer Herkunft, ohne jeden Status in der Welt und ohne jede Beziehung zur Familie! Sind Ihnen denn die Wünsche seiner Freunde völlig gleichgültig? Seine stillschweigende Verlobung mit Miss De Bourgh? Haben Sie denn jedes Gefühl für Sitte und Anstand verloren? Haben Sie nicht gehört, dass ich gesagt habe, er war von Anfang an seiner Cousine bestimmt?»

«Jawohl, und ich wusste es schon vorher. Aber was bedeutet mir das? Wenn es keinen anderen Einwand gegen eine Heirat zwischen mir und Ihrem Neffen gibt, dann wird mich die Erkenntnis, dass Mutter und Tante seine Verbindung mit Miss de Bourgh wünschten, bestimmt nicht zurückhalten. Sie haben beide alles getan, um die Ehe zu planen. Ob sie tatsächlich zustande kommen würde, hing von anderen ab. Wenn Mr. Darcy weder durch Ehrenwort noch durch Zuneigung an seine Cousine gebunden ist, warum sollte er sich dann nicht auch anders entscheiden? Und würde er sich für mich entscheiden, warum sollte ich seinen Antrag nicht annehmen?»

«Weil Ehre, Anstand, Klugheit, nein, Ihr eigenes Wohl es verbieten. Ja, Miss Bennet, Ihr eigenes Wohl. Denn Sie dürfen nicht erwarten, dass seine Familie oder seine Freunde Sie zur Kenntnis nehmen, wenn Sie sich mutwillig ihren Wünschen widersetzen. Seine ganze Umgebung wird Sie verurteilen, schneiden, verachten. Die Verbindung wird Schande über Sie bringen; keiner von uns wird Ihren Namen je erwähnen.»

«Das ist natürlich ein schweres Schicksal», antwortete Elizabeth. «Aber Mr. Darcys Frau muss schon allein durch ihre Position über so außergewöhnliche Quellen der Glückseligkeit verfügen, dass sie insgesamt keinen Grund haben kann, mit dem Schicksal zu hadern.»

«Was für ein bockiges, eigensinniges Mädchen! Sie sollten sich schämen! Ist das die Dankbarkeit für meine Gunstbeweise im letzten Frühjahr? Sind Sie mir da überhaupt nichts schuldig? Setzen wir uns. Ich gebe Ihnen zu verstehen, Miss Bennet, dass ich mit dem festen Vorsatz hierher gekommen bin, mein Ziel zu erreichen. Ich werde mich auch keinesfalls

from it. I have not been used to submit to any person's whims. I have not been in the habit of brooking disappointment.'

'*That* will make your ladyship's situation at present more pitiable; but it will have no effect on *me*.'

'I will not be interrupted! Hear me in silence. My daughter and my nephew are formed for each other. They are descended on the maternal side, from the same noble line; and, on the father's, from respectable, honourable, and ancient, though untitled families. Their fortune on both sides is splendid. They are destined for each other by the voice of every member of their respective houses; and what is to divide them? The upstart pretensions of a young woman without family, connections, or fortune. Is this to be endured! But it must not, shall not be. If you were sensible of your own good, you would not wish to quit the sphere, in which you have been brought up.'

'In marrying your nephew, I should not consider myself as quitting that sphere. He is a gentleman; I am a gentleman's daughter; so far we are equal.'

'True. You *are* a gentleman's daughter. But who was your mother? Who are your uncles and aunts? Do not imagine me ignorant of their condition.'

'Whatever my connections may be,' said Elizabeth, 'if your nephew does not object to them, they can be nothing to *you*.'

'Tell me once for all, are you engaged to him?'

Though Elizabeth would not, for the mere purpose of obliging Lady Catherine, have answered this question; she could not but say, after a moment's deliberation,

'I am not.'

davon abbringen lassen. Ich bin es nicht gewöhnt, den Launen irgendeines Menschen nachzugeben. Ich habe noch nie geduldet, dass man mich enttäuscht.»

«*Dies* macht die Lage Eurer Ladyschaft hier um so bedauernswerter; auf *mich* hat es keinen Einfluss.»

«Ich lasse mich nicht unterbrechen! Schweigen Sie und hören Sie zu. Meine Tochter und mein Neffe sind füreinander geschaffen. Sie stammen mütterlicherseits aus der gleichen Adelsfamilie, und väterlicherseits aus angesehenen, ehrbaren, alt-ehrwürdigen Familien, wenn diese auch keine Titel hatten. Auf beiden Seiten besitzen sie ein glänzendes Vermögen. Sie sind füreinander bestimmt, weil alle Mitglieder der jeweiligen Familien sich dafür ausgesprochen haben. Und wer soll sie auseinanderbringen? Die Anmaßung einer jungen Frau, die in der Gesellschaft hochkommen will, einer jungen Frau ohne Familienhintergrund, Verbindungen oder Vermögen! Wie soll man das ertragen? Aber es darf und wird nicht sein! Wenn Sie ein Gefühl dafür hätten, was Ihnen gut tut, dann würden Sie nicht den Wunsch haben, die Kreise zu verlassen, in denen Sie aufgewachsen sind.»

«Durch die Heirat mit Ihrem Neffen würde ich in meinen Augen diese Kreise nicht verlassen. Er ist ein Herr von Stand. Ich bin die Tochter eines Herrn von Stand. Insofern sind wir ebenbürtig.»

«Das stimmt. Sie *sind* die Tochter eines Herrn von Stand. Doch was ist mit Ihrer Mutter? Wer sind Ihre Onkel und Tanten? Glauben Sie nicht, dass ich Ihre Lebensumstände nicht kenne.»

«Was immer meine Verbindungen sein mögen», sagte Elizabeth, «wenn Ihr Neffe sich daran nicht stört, dann brauchen *Sie* sich nicht darum zu kümmern.»

«Sagen Sie mir jetzt ein für allemal: Sind Sie mit ihm verlobt?»

Nur um Lady Catherine zufriedenzustellen, hätte Elizabeth diese Frage nicht beantwortet; nach kurzer Überlegung konnte sie aber doch nichts anderes sagen als:

«Nein.»

Lady Catherine seemed pleased.

'And will you promise me, never to enter into such an engagement?'

'I will make no promise of the kind.'

'Miss Bennet, I am shocked and astonished. I expected to find a more reasonable young woman. But do not deceive yourself into a belief that I will ever recede. I shall not go away, till you have given me the assurance I require.'

'And I certainly *never* shall give it. I am not to be intimidated into anything so wholly unreasonable. Your ladyship wants Mr. Darcy to marry your daughter; but would my giving you the wished-for promise, make *their* marriage at all more probable? Supposing him to be attached to me, would *my* refusing to accept his hand make him wish to bestow it on his cousin? Allow me to say, Lady Catherine, that the arguments with which you have supported this extraordinary application, have been as frivolous as the application was ill-judged. You have widely mistaken my character, if you think I can be worked on by such persuasions as these. How far your nephew might approve of your interference in *his* affairs, I cannot tell; but you have certainly no right to concern yourself in mine. I must beg, therefore, to be importuned no farther on the subject.'

'Not so hasty, if you please. I have by no means done. To all the objections I have already urged, I have still another to add. I am no stranger to the particulars of your youngest sister's infamous elopement. I know it all; that the young man's marrying her was a patched-up business, at the expense of your father and uncle. And is *such* a girl to be my nephew's sister? Is *her* husband, is the son of his late father's steward, to be his

Dies schien Lady Catherine zu gefallen.

«Und versprechen Sie mir, niemals eine solche Verlobung einzugehen?»

«Ein solches Versprechen gebe ich nicht.»

«Miss Bennet, ich bin erstaunt und empört. Ich hatte erwartet, in Ihnen eine vernünftigere junge Frau zu finden. Doch wiegen Sie sich nicht in dem Glauben, ich könnte jemals nachgeben. Ich werde nicht gehen, bevor Sie mir nicht die geforderte Versicherung gegeben haben.»

«Und ich werde sie bestimmt *niemals* geben. Ich lasse mich nicht durch Einschüchterung in so einen Widersinn treiben. Eure Ladyschaft wünscht, dass Mr. Darcy Ihre Tochter heiratet; falls ich Ihnen aber das gewünschte Versprechen gäbe, würde dies die Hochzeit *der beiden* denn irgendwie wahrscheinlicher machen? Angenommen, er empfindet Zuneigung für mich, würde dann die Tatsache, dass ich seine Hand ausschlage, ihn dazu bringen, sie seiner Cousine zu reichen? Lassen Sie mich Ihnen sagen, Lady Catherine, dass die Argumente, mit denen Sie dieses ungewöhnliche Gesuch begründet haben, so fadenscheinig waren wie das Gesuch als solches unbedacht. Sie haben sich in meinem Charakter gründlich getäuscht, wenn Sie glauben, man könne mich mit solchen Überredungsmethoden beeindrucken. Ich weiß nicht, was Ihr Neffe von Ihrer Einmischung in *seine* Angelegenheiten hält. Sie haben jedoch auf keinen Fall das Recht, sich in meine einzumischen. Ich muss Sie deshalb bitten, mich nicht weiter mit diesem Thema zu belästigen.»

«Nicht so hastig, bitte sehr. Ich bin noch keineswegs fertig. Ich habe den bisherigen gewichtigen Einwänden noch einen weiteren hinzuzufügen. Ich bin sehr wohl im Bilde darüber, dass Ihre jüngste Schwester auf so schändliche Weise durchgebrannt ist. Ich weiß alles, auch dass man den jungen Mann auf Kosten Ihres Vaters und Ihres Onkels dazu gebracht hat, sie zu heiraten, um die Sache notdürftig zu reparieren. Und *so* ein Mädchen soll die Schwägerin meines Neffen werden? Und *ihr* Mann, der der Sohn des Verwalters seines verstor-

brother? Heaven and earth! – of what are you thinking? Are the shades of Pemberley to be thus polluted?'

'You can *now* have nothing farther to say,' she resentfully answered. 'You have insulted me, in every possible method. I must beg to return to the house.'

And she rose as she spoke. Lady Catherine rose also, and they turned back. Her ladyship was highly incensed.

'You have no regard, then, for the honour and credit of my nephew! Unfeeling, selfish girl! Do you not consider that a connection with you must disgrace him in the eyes of everybody?'

'Lady Catherine, I have nothing farther to say. You know my sentiments.'

'You are then resolved to have him?'

'I have said no such thing. I am only resolved to act in that manner, which will, in my own opinion, constitute my happiness, without reference to *you*, or to any person so wholly unconnected with me.'

'It is well. You refuse, then, to oblige me. You refuse to obey the claims of duty, honour, and gratitude. You are determined to ruin him in the opinion of all his friends, and make him the contempt of the world.'

'Neither duty, nor honour, nor gratitude,' replied Elizabeth, 'have any possible claim on me, in the present instance. No principle of either would be violated by my marriage with Mr. Darcy. And with regard to the resentment of his family, or the indignation of the world, if the former *were* excited by his marrying me, it would not give me one moment's concern – and the world in general would have too much sense to join in the scorn.'

'And this is your real opinion! This is your final

benen Vaters ist, soll sein Schwager werden? Zum Donnerwetter! Was bilden Sie sich eigentlich ein? Sollen Pemberleys Gefilde so beschmutzt werden?»

«Weiter werden Sie nun wohl nichts zu sagen haben», entgegnete Lizzy empört. «Sie haben mich auf jede nur erdenkliche Weise beleidigt. Ich muss nun wirklich bitten, nach Hause gehen zu dürfen.»

Mit diesen Worten stand sie auf. Lady Catherine erhob sich ebenfalls, und sie gingen zurück. Ihre Ladyschaft war höchst erbost.

«Sie nehmen also keine Rücksicht auf die Ehre und das Ansehen meines Neffen! Gefühlloses, selbstsüchtiges Ding! Können Sie denn nicht begreifen, dass eine Verbindung mit Ihnen ihn in aller Augen erniedrigt?»

«Ich habe nichts weiter zu sagen, Lady Catherine. Sie kennen meine Meinung.»

«Sie wollen ihn also unbedingt haben?»

«Das habe ich nicht gesagt. Ich bin allerdings entschlossen, mich so zu verhalten, dass ich nach meinen eigenen Maßstäben glücklich werde, ohne Rücksicht auf *Sie* oder sonst jemand, mit dem mich nichts verbindet.»

«Gut. Sie weigern sich also, mir zu Willen zu sein. Sie weigern sich, den Ansprüchen von Pflicht, Ehre und Dankbarkeit zu genügen. Sie sind entschlossen, ihn in den Augen aller seiner Freunde zu ruinieren und ihn zum Gespött der Welt zu machen.»

«In dieser Sache spüre ich keine Ansprüche von Pflicht, Ehre oder Dankbarkeit», antwortete Elizabeth, «keiner dieser Grundsätze würde durch meine Heirat mit Mr. Darcy verletzt. Und was das Missfallen seiner Familie oder den Unwillen der Welt betrifft – falls sie *tatsächlich* durch seine Ehe mit mir entstehen sollten – das kümmert mich überhaupt nicht, und im übrigen wäre die Welt im allgemeinen sicher viel zu vernünftig, um sich dieser Verachtung anzuschließen.»

«Das ist also tatsächlich Ihre Meinung! Das ist Ihr letztes

resolve! Very well. I shall now know how to act. Do not imagine, Miss Bennet, that your ambition will ever be gratified. I came to try you. I hoped to find you reasonable; but depend upon it I will carry my point.'

In this manner Lady Catherine talked on, till they were at the door of the carriage, when, turning hastily round, she added,

'I take no leave of you, Miss Bennet: I send no compliments to your mother. You deserve no such attention. I am most seriously displeased.'

Elizabeth made no answer; and without attempting to persuade her ladyship to return into the house, walked quietly into it herself. She heard the carriage drive away as she proceeded upstairs. Her mother impatiently met her at the door of the dressing-room, to ask why Lady Catherine would not come in again and rest herself.

'She did not choose it,' said her daughter, 'she would go.'

'She is a very fine-looking woman! and her calling here was prodigiously civil! for she only came, I suppose, to tell us the Collinses were well. She is on her road somewhere, I dare say, and so, passing through Meryton, thought she might as well call on you. I suppose she had nothing particular to say to you, Lizzy?'

Elizabeth was forced to give in to a little falsehood here; for to acknowledge the substance of their conversation was impossible.

Wort! Nun gut. Jetzt weiß ich, was ich zu tun habe. Glauben Sie nicht, Miss Bennet, dass Ihr Ehrgeiz jemals befriedigt wird. Ich kam, um Sie auf die Probe zu stellen. Ich hatte gehofft, Sie seien vernünftig; aber verlassen Sie sich darauf, ich werde meinen Willen haben.»

In dieser Weise sprach Lady Catherine weiter, bis sie am Wagenschlag standen. Da drehte sie sich schnell noch einmal um und sagte:

«Ich verabschiede mich nicht von Ihnen, Miss Bennet. Ich trage Ihnen auch keine Grüße an Ihre Mutter auf. So eine Aufmerksamkeit verdienen Sie nicht. Ich bin aufs Äußerste verstimmt.»

Elizabeth antwortete nicht, und ohne einen Versuch zu machen, Lady Catherine noch einmal ins Haus zu bitten, ging sie selber in aller Ruhe hinein. Während sie die Treppe hinaufstieg, hörte sie, wie der Wagen wegfuhr. Ihre Mutter kam ungeduldig zur Tür ihres Ankleidezimmers und wollte wissen, warum Lady Catherine nicht noch einmal hereinkomme, um sich auszuruhen.

«Es beliebte ihr nicht», sagte die Tochter, «sie wollte eben abfahren.»

«Sie sieht wirklich prachtvoll aus! Und ihr Besuch hier war so überaus freundlich! Sie kam ja wohl nur, um uns vom Wohlbefinden der Collins' zu unterrichten. Ich nehme an, sie ist irgendwohin unterwegs und hat gedacht, da sie ohnehin durch Meryton kam, sie könnte dir einen Besuch abstatten. Sie hatte dir ja sicher nichts Besonderes zu sagen, Lizzy?»

Hier war Elizabeth zu einer kleinen Unwahrheit gezwungen; denn sie konnte ja unmöglich den Inhalt ihres Gesprächs offenbaren.

Chawton Sunday Novr 29th

My dear Martha

… P. & P. is sold. Egerton gives £ 110 for it. I would rather have had £150, but we could not both be pleased, & I am not at all surprised that he should not choose to hazard so much. Its being sold will I hope be a great saving of trouble to Henry, & therefore must be welcome to me. The money is to be paid at the end of the twelvemonth. …

Chawton Friday Jany 29

… Thank you for your note. As you had not heard from me at that time it was very good in you to write, but I shall not be so much your debtor soon. I want to tell you that I have got my own darling child from London; on Wednesday I received one copy sent down by Falknor with three lines from Henry to say that he had given another to Charles, & sent a 3^{d} by the coach to Godmersham …

… Miss Benn dined with us on the very day of the book's coming & in the evening we set fairly at it, and read half the first vol. to her, prefacing that, having intelligence from Henry that such a work would soon appear, we had desired him to send it whenever it came out, and I believe it passed with her unsuspected. She was amused, poor soul! *That* she could not help, you know, with two such people to lead the way, but she really does seem to admire Elizabeth. I must confess that I think her as delightful a creature as ever appeared in print, and how I shall be able to tolerate those who do not like *her* at least I do not know. There are

An Martha Lloyd. Chawton, Sonntag, den 29. November 1812

Meine liebe Martha,

… *Pride and Prejudice* ist verkauft. Egerton zahlt 110 Pfund dafür. Ich hätte viel lieber 150 Pfund gehabt, aber beiden von uns konnte man es nicht recht machen, und es überrascht mich keineswegs, dass er keine Lust hat, so viel zu riskieren. Dass es jetzt verkauft ist, wird Henry hoffentlich viel Mühe ersparen, und muss mir deshalb recht sein. Das Geld wird nach einem Jahr bezahlt. …

An Cassandra Austen. Chawton, Freitag, den 29. Januar 1813

… Vielen Dank für Deinen Brief. Da Du zu dem Zeitpunkt nichts von mir gehört hattest, war es sehr nett von Dir zu schreiben, aber bald stehe ich nicht mehr so sehr in Deiner Schuld. Ich will Dir mitteilen, dass ich jetzt mein allerliebstes Kind (*Pride and Prejudice*) aus London bekommen habe; am Mittwoch erhielt ich ein von Falknor geschicktes Exemplar mit drei Zeilen von Henry, des Inhalts, dass er Charles eines gegeben und ein drittes mit der Postkutsche nach Godmersham geschickt hat …

… Miss Benn speiste mit uns genau an dem Tag, als das Buch kam, und am Abend machten wir uns ans Werk und lasen ihr den ersten Band zur Hälfte vor, wobei wir vorausschickten, wir hätten, da wir von Henry erfahren hatten, dass ein solches Werk demnächst herauskommen werde, Henry gebeten, es uns sofort nach dem Erscheinen zu schicken, und ich glaube, sie nahm es hin, ohne Verdacht zu schöpfen. Sie amüsierte sich, die arme Seele! Da konnte sie gar nichts machen, wo zwei solche Leute ihr die Richtung wiesen. Aber sie scheint Elizabeth wirklich zu bewundern. Ich muss gestehen, ich halte sie für das bezauberndste Wesen, das je im Druck erschienen ist, und wie ich denjenigen Verständnis entgegenbringen soll, die nicht wenigstens an *ihr* Gefallen finden, das

a few typical errors; and a 'said he,' or a 'said she,' would sometimes make the dialogue more immediately clear; but

I do not write for such dull elves
As have not a great deal of ingenuity themselves.

The second volume is shorter than I could wish, but the difference is not so much in reality as in look, there being a larger proportion of narrative in that part. I have lop't and crop't so successfully, however, that I imagine it must be rather shorter than S. & S. altogether. Now I will try to write of something else …

Chawton, Thursday Feb[y] 4

My dear Cassandra

Your letter was truly welcome, and I am much obliged to you all for your praise; it came at a right time, for I had had some fits of disgust. Our second evening's reading to Miss Benn had not pleased me so well, but I believe something must be attributed to my mother's too rapid way of getting on: and though she perfectly understands the characters herself, she cannot speak as they ought. Upon the whole, however, I am quite vain enough and well satisfied enough. The work is rather too light, and bright, and sparkling; it wants shade; it wants to be stretched out here and there with a long chapter of sense, if it could be had; if not, of solemn specious nonsense, about something unconnected with the story; an essay on writing, a critique on Walter Scott, or the history of Bounaparté, or anything that would form a contrast, and bring the reader with increased delight to the playfulness and epigrammatism of the general style.

weiß ich nicht. Es gibt ein paar typische Fehler; und gelegentlich würde ein «sagte er» oder ein «sagte sie» den Dialog noch unmittelbarer klar machen; aber

Ich schreibe nicht für solche trüben Elfen,
die selbst sich nicht mit eigner Genialität behelfen.

Der zweite Band ist kürzer als zu wünschen ist, aber das sieht eigentlich nur so aus, da der Teil verhältnismäßig viel erzählende Passagen enthält. Ich habe das Buch aber so erfolgreich zurechtgestutzt, dass ich denke, es müsste insgesamt eher kürzer als *Sense and Sensibility* sein. Jetzt will ich versuchen, über etwas anderes zu schreiben …

An Cassandra Austen. Chawton, Donnerstag, den 4. Februar 1813

Meine liebe Cassandra,

Über Deinen Brief habe ich mich sehr gefreut, und ich bin Dir tief verbunden für all das Lob; er kam gerade zur rechten Zeit, denn ich hatte einige Anwandlungen von Widerwillen gehabt. Der zweite Leseabend für Miss Benn hatte mir nicht so gut gefallen, aber das lag zum Teil daran, glaube ich, dass meine Mutter zu schnell voranmachte; und obwohl sie selber die Charaktere vollkommen versteht, kann sie nicht so sprechen, wie sie sprechen sollten. Im Großen und Ganzen bin ich aber durchaus stolz und zufrieden. Das Werk ist eher zu leicht, zu hell und glitzernd; es fehlt der Schatten; es sollte hier und da gestreckt werden mit einem langen Kapitel voller Tiefsinn, wenn möglich; wenn nicht, dann voller Unsinn der feierlichen fadenscheinigen Art, über irgendetwas, das nichts mit der Geschichte zu tun hat; eine Abhandlung über das Schreiben, eine kritische Betrachtung über Walter Scott oder die Geschichte von Bonaparte oder irgendetwas anderes, das einen Kontrast bilden und den Leser mit gesteigertem Genuss auf den verspielten und epigrammatischen Stil hinführen würde, der das Ganze bestimmt.

Fanny had by no means forgotten Mr. Crawford when she awoke the next morning; but she remembered the purport of her note, and was not less sanguine as to its effect than she had been the night before. If Mr. Crawford would but go away! That was what she most earnestly desired; – go and take his sister with him, as he was to do, and as he returned to Mansfield on purpose to do. And why it was not done already she could not devise, for Miss Crawford certainly wanted no delay. Fanny had hoped, in the course of his yesterday's visit, to hear the day named; but he had only spoken of their journey as what would take place ere long.

Having so satisfactorily settled the conviction her note would convey, she could not but be astonished to see Mr. Crawford, as she accidentally did, coming up to the house again, and at an hour as early as the day before. His coming might have nothing to do with her, but she must avoid seeing him if possible; and being then in her way upstairs, she resolved there to remain, during the whole of his visit, unless actually sent for; and as Mrs. Norris was still in the house, there seemed little danger of her being wanted.

She sat some time in a good deal of agitation, listening, trembling, and fearing to be sent for every moment; but as no footsteps approached the east room she grew gradually composed, could

Mansfield Park

Fanny, als mittellose Nichte von Sir Thomas Bertram in Mansfield Park aufgewachsen, hat den Heiratsantrag des leichtfertigen Mr. Crawford abgewiesen und seiner Schwester, Miss Crawford, einen entsprechenden Brief geschrieben.

Als Fanny am nächsten Morgen erwachte, hatte sie Mr. Crawford keineswegs vergessen. Sie erinnerte sich aber auch an den Ton ihres Briefes, und war, was seine Wirkung betraf, nicht weniger zuversichtlich als am gestrigen Abend. Wenn Mr. Crawford nur abreisen würde! Das war ihr sehnlichster Wunsch – abreisen und seine Schwester mitnehmen, wie er es vorhatte; gerade deshalb war er ja nach Mansfield zurückgekehrt. Und warum das nicht schon längst geschehen war, dafür hatte sie keine Erklärung: denn Miss Crawford wollte mit Sicherheit keinen Aufschub. Während seines gestrigen Besuchs hatte Fanny den genauen Tag zu erfahren gehofft; er hatte jedoch nur davon gesprochen, dass die Abreise kurz bevorstand.

Da sie nun zu der beruhigenden Gewissheit gekommen war, mit ihrem Brief die richtige Botschaft übermittelt zu haben, war sie umso erstaunter, als sie, ganz zufällig, Mr. Crawford erneut zum Haus heraufkommen sah, zu ebenso früher Stunde wie gestern. Vielleicht kam er ja gar nicht ihretwegen; dennoch musste sie nach Möglichkeit ein Zusammentreffen mit ihm vermeiden. Und da sie gerade ohnehin auf dem Weg nach oben war, beschloss sie, für die Dauer seines Besuchs dort zu bleiben, es sei denn, man ließe sie holen. Es bestand allerdings wenig Gefahr, dass man sie brauchte, da Mrs. Norris noch im Hause war.

Eine Zeitlang saß sie da in großer Erregung, lauschte, zitterte, in ständiger Angst, man könne sie holen lassen. Da sich jedoch dem Zimmer im Ostflügel keine Schritte näherten, beruhigte sie sich langsam, brachte es fertig, sich hinzusetzen

sit down, and be able to employ herself, and able to hope that Mr. Crawford had come, and would go, without her being obliged to know anything of the matter.

Nearly half an hour had passed, and she was growing very comfortable, when suddenly the sound of a step in regular approach was heard – a heavy step, an unusual step in that part of the house; it was her uncle's; she knew it as well as his voice; she had trembled at it as often, and began to tremble again; at the idea of his coming up to speak to her, whatever might be the subject. It was indeed Sir Thomas who opened the door, and asked if she were there, and if he might come in. The terror of his former occasional visits to that room seemed all renewed, and she felt as if he were going to examine her again in French and English.

She was all attention, however, in placing a chair for him, and trying to appear honoured, and in her agitation had quite overlooked the deficiencies of her apartment, till he, stopping short as he entered, said, with much surprise, 'Why have you no fire today?'

There was snow on the ground, and she was sitting in a shawl. She hesitated.

'I am not cold, sir – I never sit here long at this time of year.'

'But you have a fire in general?'

'No, sir.'

'How comes this about? here must be some mistake. I understood that you had the use of this room by way of making you perfectly comfortable. In your bed-chamber I know you *cannot* have a fire. Here is some great misapprehension which must be rectified. It is highly unfit for you to sit, be it only half an hour a day, without a fire. You are not

und mit einer Arbeit zu beschäftigen, ja sogar sich der Hoffnung hinzugeben, Mr. Crawford sei gekommen und werde wieder gehen, ohne dass sie irgendetwas davon wissen musste.

Es war fast eine halbe Stunde vergangen und es ging ihr schon wieder recht gut, als auf einmal Schritte zu hören waren, die gleichmäßig näherkamen – schwere Schritte, die man sonst in diesem Teil des Hauses nicht vernahm. Es waren die Schritte ihres Onkels, sie kannte sie so gut wie seine Stimme. Sie hatte vor ihnen schon ebenso oft gezittert und fing auch jetzt zu zittern an bei der Vorstellung, dass er hier heraufkam, um mit ihr zu reden, was auch immer das Thema sein mochte. Es war in der Tat Sir Thomas, der nun die Tür öffnete, fragte, ob sie hier sei, und ob er hereinkommen dürfe. Die ganze alte Furcht schien wieder da zu sein, die seine gelegentlichen Besuche früher in diesem Zimmer geweckt hatten, und es war ihr so zumute, als werde er sie wie damals in Französisch und Englisch ausfragen.

Sie verhielt sich jedoch sehr zuvorkommend, stellte ihm einen Stuhl hin und versuchte den Eindruck zu erwecken, sie fühle sich geehrt, und hatte dabei in ihrer Aufregung ganz übersehen, was in ihrem Zimmer fehlte, bis er beim Eintreten völlig überrascht stehen blieb und sagte: «Warum hast du kein Feuer heute?»

Es lag Schnee draußen, und sie saß in einen Schal gehüllt. Sie zögerte.

«Mir ist nicht kalt, Sir, zu dieser Jahreszeit sitze ich nie lange hier.»

«Aber sonst hast du hier ein Feuer?»

«Nein, Sir.»

«Wie kommt das? Das muss ein Irrtum sein. Ich hatte es so verstanden, dass du diesen Raum für deine Bequemlichkeit zur Verfügung haben sollst. In deinem Schlafzimmer *kannst* du, wie ich weiß, kein Feuer haben. Hier herrscht ein großes Missverständnis, das in Ordnung gebracht werden muss. Du darfst auf keinen Fall ohne ein Feuer sitzen, und sei es auch nur für eine halbe Stunde. Du bist nicht kräftig.

strong. You are chilly. Your aunt cannot be aware of this.'

Fanny would rather have been silent; but being obliged to speak, she could not forbear, in justice to the aunt she loved best, from saying something in which the words 'my aunt Norris' were distinguishable.

'I understand,' cried her uncle, recollecting himself, and not wanting to hear more – 'I understand. Your aunt Norris has always been an advocate, and very judiciously, for young people's being brought up without unnecessary indulgences; but there should be moderation in everything. She is also very hardy herself, which of course will influence her in her opinion of the wants of others. And on another account, too, I can perfectly comprehend. I know what her sentiments have always been. The principle was good in itself, but it may have been, and I believe *has been*, carried too far in your case. I am aware that there has been sometimes, in some points, a misplaced distinction; but I think too well of you, Fanny, to suppose you will ever harbour resentment on that account. You have an understanding which will prevent you from receiving things only in part, and judging partially by the event. You will take in the whole of the past, you will consider times, persons, and probabilities, and you will feel that *they* were not least your friends who were educating and preparing you for that mediocrity of condition which *seemed* to be your lot. Though their caution may prove eventually unnecessary, it was kindly meant; and of this you may be assured, that every advantage of affluence will be doubled by the little privations and restrictions that may have been imposed. I am sure you will not disappoint my opinion of you, by failing at any time to treat your aunt Norris with the respect and attention that are due to her. But

Dir ist kalt. Deine Tante kann hiervon nicht unterrichtet sein.»

Fanny hätte am liebsten geschwiegen; da sie aber antworten musste, konnte sie sich, um ihrer Lieblingstante kein Unrecht zu tun, nicht einer Bemerkung enthalten, aus der die Wörter «meine Tante Norris» herauszuhören waren.

«Ich verstehe», rief der Onkel und wollte, nun wieder ganz im Bilde, nichts weiter davon hören, «ich verstehe. Deine Tante Norris hat sich immer, und sehr zu Recht, dafür eingesetzt, dass junge Menschen nicht allzu verwöhnt aufwachsen. Aber alles hat seine Grenzen. Sie ist zudem selbst sehr abgehärtet, was natürlich ihre Sicht der Dinge beeinflusst, wenn es um die Bedürfnisse anderer geht. Und auch in anderer Hinsicht sind mir die Zusammenhänge völlig klar. Ich kenne die Einstellung, die sie von Anfang an hatte. Das Prinzip war in sich richtig, aber man hat es in deinem Fall vielleicht, oder vielmehr *sicherlich*, zu weit getrieben. Es ist mir bewusst, dass hier manchmal, in manchen Punkten ein Unterschied gemacht wurde, der fehl am Platze war. Ich habe aber eine viel zu hohe Meinung von dir, Fanny, als dass ich glauben könnte, du trägst ihr das nach. Du hast so viel Verstand, dass du die Dinge nicht nur in Bruchstücken siehst und dir aus dem Vorfall ein einseitiges Urteil bildest. Du wirst die Vergangenheit als Ganzes sehen, du wirst die Zeit, die Menschen und die Möglichkeiten in Rechnung stellen, und du wirst bemerken, dass *diejenigen*, die dich für die bescheidenen Lebensumstände erzogen und vorbereitet haben, die dir bestimmt *schienen*, nicht deine schlechtesten Freunde waren. Mag ihre Vorsicht sich am Ende auch als unnötig erweisen, so war sie doch gut gemeint; und lass dir gesagt sein, dass die Annehmlichkeiten des Wohlstands dir doppelt angenehm erscheinen werden durch die kleinen Entbehrungen und Einschränkungen, die man dir auferlegt haben mag. Ich bin sicher, du wirst meine hohe Erwartung in dich nicht enttäuschen, indem du es an Bemühung fehlen lässt, deine Tante Norris jederzeit mit dem Respekt und der Aufmerksamkeit zu behandeln, die ihr gebühren. Aber genug da-

enough of this. Sit down, my dear. I must speak to you for a few minutes, but I will not detain you long.'

Fanny obeyed, with eyes cast down and colour rising. After a moment's pause, Sir Thomas, trying to suppress a smile, went on.

'You are not aware, perhaps, that I have had a visitor this morning. I had not been long in my own room, after breakfast, when Mr. Crawford was shown in. His errand you may probably conjecture.'

Fanny's colour grew deeper and deeper; and her uncle, perceiving that she was embarrassed to a degree that made either speaking or looking up quite impossible, turned away his own eyes, and without any further pause proceeded in his account of Mr. Crawford's visit.

Mr. Crawford's business had been to declare himself the lover of Fanny, make decided proposals for her, and entreat the sanction of the uncle, who seemed to stand in the place of her parent; and he had done it all so well, so openly, so liberally, so properly, that Sir Thomas, feeling, moreover, his own replies and his own remarks to have been very much to the purpose, was exceedingly happy to give the particulars of their conversation, and, little aware of what was passing in his niece's mind, conceived that by such details he must be gratifying her far more than himself. He talked, therefore, for several minutes without Fanny's daring to interrupt him. She had hardly even attained the wish to do it. Her mind was in too much confusion. She had changed her position; and, with her eyes fixed intently on one of the windows, was listening to her uncle in the utmost perturbation and dismay. For a moment he ceased, but she had bareley become conscious of it, when, rising from his chair, he said, 'And now, Fanny, having performed one part of my commission, and shown

von. Setz dich, meine Liebe. Ich muss ein paar Minuten mit dir sprechen, werde dich aber nicht lange aufhalten.»

Fanny gehorchte, indem sie errötete und die Augen niederschlug. Nach einer kleinen Pause begann Sir Thomas, während er ein Lächeln zu unterdrücken suchte:

«Du hast vielleicht nicht bemerkt, dass ich heute morgen Besuch hatte. Ich hatte mich nach dem Frühstück noch nicht lange in mein Zimmer zurückgezogen, da meldete man Mr. Crawford. Den Grund seines Kommens kannst du dir möglicherweise denken.»

Eine immer tiefere Röte überzog Fannys Gesicht, und da ihr Onkel merkte, dass sie dermaßen verlegen war, dass sie unmöglich sprechen oder aufschauen konnte, nahm er seinen Blick von ihr und berichtete ohne weitere Unterbrechungen von Mr. Crawfords Besuch.

Mr. Crawford war gekommen, um seine Liebe zu Fanny zu erklären, ihr einen förmlichen Antrag zu machen und die Zustimmung des Onkels zu erbitten, der ja offenbar ihre Eltern vertrat. Und er hatte dies alles so gut, so offen, so großzügig, so korrekt erledigt, dass Sir Thomas, der obendrein das Gefühl hatte, mit seinen eigenen Antworten und Bemerkungen dem Vorgang durchaus förderlich gewesen zu sein, mit ganz außerordentlichem Vergnügen die Einzelheiten der Unterredung wiedergab, und dabei, ohne zu ahnen, was im Kopf seiner Nichte vor sich ging, der festen Überzeugung war, dass er ihr mit dieser genauen Schilderung einen noch größeren Gefallen tat als sich selbst. Er sprach daher einige Minuten lang, ohne dass Fanny es wagte, ihn zu unterbrechen. Der Wille dazu war in ihr noch kaum vorhanden. Sie war viel zu verwirrt. Sie hatte ihre Stellung verändert und hörte nun, die Augen fest auf eines der Fenster gerichtet, in höchster Unruhe und Bestürzung ihrem Onkel zu. Er hielt einen Augenblick inne, doch war sie sich dessen noch kaum bewusst geworden, als er sich von seinem Stuhl erhob und sagte: «Und nun, Fanny, nachdem ich den einen Teil meines Auftrags erfüllt und dir dargelegt habe, dass alles auf eine äußerst gesi-

you everything placed on the basis the most assured and satisfactory, I may execute the remainder by prevailing on you to accompany me downstairs, where, though I cannot but presume on having been no unacceptable companion myself, I must submit to your finding one still better worth listening to. Mr. Crawford, as you have perhaps foreseen, is yet in the house. He is in my room and hoping to see you there.'

There was a look, a start, an exclamation, on hearing this, which astonished Sir Thomas; but what was his increase of astonishment on hearing her exclaim – 'Oh no sir, I cannot, indeed I cannot go down to him. Mr. Crawford ought to know – he must know that – I told him enough yesterday to convince him – he spoke to me on this subject yesterday – and I told him without disguise that it was very disagreeable to me, and quite out of my power to return his good opinion.'

'I do not catch your meaning,' said Sir Thomas, sitting down again. 'Out of your power to return his good opinion! what is all this? I know he spoke to you yesterday, and (as far as I understand) received as much encouragement to proceed as a well-judging young woman could permit herself to give. I was very much pleased with what I collected to have been your behaviour on the occasion; it showed a discretion highly to be commended. But now, when he has made his overtures so properly, and honourably – what are your scruples *now*?'

'You are mistaken, sir,' – cried Fanny, forced by the anxiety of the moment even to tell her uncle that he was wrong, – 'you are quite mistaken. How could Mr. Crawford say such a thing? I gave him no encouragement yesterday. On the contrary, I told him – I cannot recollect my exact words – but I am sure I told him that I would not listen to him, that it was very unpleasant to me in every respect, and that

cherte und befriedigende Grundlage gestellt ist, werde ich auch noch den Rest erledigen und dich bitten, mich hinunter zu begleiten, wo du, wenn ich auch sicher kein unangenehmer Gesellschafter gewesen bin, doch einen solchen vorfinden wirst, dem zuzuhören sich weitaus mehr lohnt, das muss ich anerkennen. Wie du dir vielleicht schon gedacht hast, ist Mr. Crawford noch hier. Er ist in meinem Zimmer und hofft dich dort zu sehen.»

Diese Worte hatten einen Blick zur Folge, ein Hochschrekken, einen Ausruf, die Sir Thomas sehr verwunderten. Wie viel größer war aber sein Erstaunen, als er sie ausrufen hörte: «Oh nein, Sir, ich kann nicht, ich kann auf keinen Fall zu ihm hinuntergehen. Mr. Crawford müsste wissen – er muss wissen, dass – ich habe ihm gestern genug mitgeteilt, um ihn zu überzeugen – er hat gestern über diese Sache mit mir gesprochen – und ich habe ihm ohne Umschweife gesagt, es sei mir sehr unangenehm, und es stehe überhaupt nicht in meiner Macht, seine Zuneigung zu erwidern.»

«Ich verstehe nicht, was du meinst», sagte Sir Thomas und setzte sich wieder. «Nicht in deiner Macht, seine Zuneigung zu erwidern? Was soll das alles? Ich weiß, er hat gestern mit dir gesprochen und (soweit ich das verstanden habe) soviel Ermunterung in seinem Vorhaben erfahren, wie eine kluge junge Frau sich zu geben gestatten kann. Ich war sehr angetan von deinem Verhalten, so wie es mir geschildert wurde. Es zeigte eine höchst lobenswerte Diskretion. Doch jetzt, da er seinen Antrag mit Anstand und Ehren vorgebracht hat – was kannst du jetzt noch für Bedenken haben?»

«Sie täuschen sich, Sir», rief Fanny und ging in der Angst des Augenblicks sogar so weit, ihrem Onkel zu sagen, dass er irrte, «Sie täuschen sich vollkommen. Wie konnte Mr. Crawford so etwas sagen? Ich habe ihn gestern nicht ermuntert. Ganz im Gegenteil, ich sagte ihm – ich weiß nicht mehr genau, mit welchen Worten – aber ich habe ihm ganz sicher gesagt, ich hätte nicht den Wunsch, ihn anzuhören, dass es mir in jeder Beziehung sehr unangenehm sei, und ich habe ihn

I begged him never to talk to me in that manner again. I am sure I said as much as that and more; and I should have said still more, if I had been quite certain of his meaning anything seriously; but I did not like to be – I could not bear to be – imputing more than might be intended. I thought it might all pass for nothing with *him*.'

She could say no more; her breath was almost gone.

'Am I to understand,' said Sir Thomas, after a few moments' silence, 'that you mean to *refuse* Mr. Crawford?'

'Yes, sir.'

'Refuse him?'

'Yes, sir.'

'Refuse Mr. Crawford! Upon what plea? For what reason?'

'I – I cannot like him, sir, well enough to marry him.'

'This is very strange!' said Sir Thomas, in a voice of calm displeasure. 'There is something in this which my comprehension does not reach. Here is a young man wishing to pay his addresses to you, with everything to recommend him: not merely situation in life, fortune, and character, but with more than common agreeableness, with address and conversation pleasing to everybody. And he is not an acquaintance of to-day, you have now known him some time. His sister, moreover, is your intimate friend, and he has been doing *that* for your brother, which I should suppose would have been almost sufficient recommendation to you, had there been no other. It is very uncertain when my interest might have got William on. He has done it already.'

'Yes,' said Fanny, in a faint voice, and looking down with fresh shame; and she did feel almost ashamed of herself, after such a picture as her uncle had drawn, for not liking Mr. Crawford.

ganz sicher gebeten, nie wieder so zu mir zu sprechen. So viel habe ich mindestens gesagt, das weiß ich sicher, wenn nicht mehr; und ich hätte noch mehr gesagt, wäre ich wirklich überzeugt gewesen, dass er das alles ernst meinte; ich wollte aber nicht mehr in die Sache hineinlegen, als vielleicht beabsichtigt war; das wäre mir unerträglich gewesen. Ich dachte, er habe das vielleicht nur so dahingesagt.»

Sie war völlig außer Atem und konnte nicht mehr weitersprechen.

«Soll ich dem entnehmen», sagte Sir Thomas nach kurzem Schweigen, «dass du Mr. Crawford *abweisen* willst?»

«Ja, Sir.»

«Ihn abweisen?»

«Ja, Sir.»

«Mr. Crawford abweisen! Mit welcher Begründung? Warum?»

«Ich – ich kann nicht genug Zuneigung empfinden, um ihn zu heiraten.»

«Dies ist höchst eigenartig!» sagte Sir Thomas mit ruhigem Missfallen. «An dieser Sache ist etwas, das ich nicht begreifen kann. Da ist ein junger Mann, der dir einen Antrag machen will, wobei alles für ihn spricht: nicht nur Lebensumstände, Vermögen, Charakter, sondern auch ein ungewöhnlich angenehmes Wesen; alle sind von seinem Auftreten und seinen gesellschaftlichen Fähigkeiten angetan. Und dann ist er keine ganz neue Bekanntschaft, du kennst ihn schon seit einiger Zeit. Obendrein ist seine Schwester eng mit dir befreundet, und er hat deinem Bruder einen *so großen* Gefallen getan, dass dies allein schon, denke ich, dir als Empfehlung genügen müsste, gäbe es auch keine andere. Es ist keineswegs sicher, dass mein Einfluss William weitergeholfen hätte. Aber ihm ist dies bereits gelungen.»

«Ja», sagte Fanny mit schwacher Stimme und sah erneut beschämt zu Boden; nach dem Bild, das ihr Onkel gezeichnet hatte, schämte sie sich nun schon fast selbst dafür, dass sie keine Zuneigung für Mr. Crawford empfinden konnte.

'You must have been aware,' continued Sir Thomas, presently, – 'you must have been some time aware of a particularity in Mr. Crawford's manners to you. This cannot have taken you by surprise. You must have observed his attentions; and though you always received them very properly (I have no accusation to make on that head), I never perceived them to be unpleasant to you. I am half inclined to think, Fanny, that you do not quite know your own feelings.'

'O yes, sir, indeed I do. His attentions were always – what I did not like.'

Sir Thomas looked at her with deeper surprise. 'This is beyond me,' said he. 'This requires explanation. Young as you are, and having seen scarcely anyone, it is hardly possible that your affections –'

He paused and eyed her fixedly. He saw her lips formed into a *no*, though the sound was inarticulate, but her face was like scarlet. That, however, in so modest a girl might be very compatible with innocence; and choosing at least to appear satisfied, he quickly added, 'No, no, I know *that* is quite out of the question – quite impossible. Well, there is nothing more to be said.'

And for a few minutes he did say nothing. He was deep in thought. His niece was deep in thought likewise, trying to harden and prepare herself against further questioning. She would rather die than own the truth; and she hoped by a little reflection to fortify herself beyond betraying it.

'Independently of the interest which Mr. Crawford's *choice* seemed to justify,' said Sir Thomas, beginning again, and very composedly, 'his wishing to marry all so early is recommendatory to me. I am an advocate for early marriages, where there are means in proportion, and would have every

«Es konnte dir nicht entgangen sein», fuhr Sir Thomas gleich darauf fort, «es konnte dir schon seit einiger Zeit nicht entgangen sein, dass Mr. Crawford dich anders als die anderen behandelte. Die Sache kann dich nicht überrascht haben. Du musst bemerkt haben, dass er sich um dich bemühte. Und auch wenn du dich hierin sehr schicklich verhalten hast (ich habe in diesem Punkt keinerlei Klagen), ist mir nie aufgefallen, dass es dir unangenehm war. Ich glaube fast, Fanny, du kennst deine eigenen Gefühle nicht.»

«Doch, doch, Sir, ich kenne sie sehr gut. Wenn er sich um mich bemühte – das war mir immer unangenehm.»

Sir Thomas sah sie mit noch größerem Erstaunen an. «Dies geht über meinen Verstand», sagte er. «Dies verlangt eine Erklärung. So jung wie du bist, und angesichts der Tatsache, dass du kaum jemand kennengelernt hast, ist es wohl kaum möglich, dass ...»

Er hielt inne und sah sie scharf an. Er beobachtete, wie sich ihre Lippen zu einem *Nein* formten, auch wenn nichts zu hören war; ihr Gesicht jedoch war feuerrot. Dies ließ sich jedoch bei einem so schüchternen Mädchen durchaus mit Unschuld vereinbaren. Und da er sich wenigstens dem Anschein nach damit zufrieden geben wollte, fügte er schnell hinzu: «Nein, nein, ich weiß, das kommt gar nicht in Frage – ganz ausgeschlossen. Nun, mehr gibt es dazu nicht zu sagen.»

Und tatsächlich sagte er eine Weile nichts. Er war tief in Gedanken versunken. Seine Nichte war ebenfalls tief in Gedanken bei dem Versuch, sich gegen weiteres Ausfragen vorbereitend zu stählen. Sie würde lieber sterben, als die Wahrheit zuzugeben, und hoffte, sich durch etwas Nachdenken so zu wappnen, dass sie nichts verriet.

«Abgesehen davon, dass schon allein seine Wahl mich für Mr. Crawford eingenommen hat», begann Sir Thomas von neuem, in aller Ruhe, «empfiehlt er sich mir durch seinen Wunsch, so früh zu heiraten. Ich habe immer für frühes Heiraten plädiert, wenn die entsprechenden Mittel zur Verfügung stehen. Wenn es nach mir ginge, würde jeder junge Mann

young man, with a sufficient income, settle as soon after four-and-twenty as he can. This is so much my opinion, that I am sorry to think how little likely my own eldest son, your cousin, Mr. Bertram, is to marry early; but at present, as far as I can judge, matrimony makes no part of his plans or thoughts. I wish he were more likely to fix.' Here was a glance at Fanny. 'Edmund I consider from his disposition and habits as much more likely to marry early than his brother. *He,* indeed, I have lately thought has seen the woman he could love, which, I am convinced, my eldest son has not. Am I right? Do you agree with me, my dear?'

'Yes, sir.'

It was gently, but it was calmly said, and Sir Thomas was easy on the score of the cousins. But the removal of his alarm did his niece no service: as her unaccountableness was confirmed, his displeasure increased; and getting up and walking about the room with a frown, which Fanny could picture to herself, though she dared not lift up her eyes, he shortly afterwards, and in a voice of authority, said, 'Have you any reason, child, to think ill of Mr. Crawford's temper?'

'No, sir.'

She longed to add, 'But of his principles I have'; but her heart sank under the appalling prospect of discussion, explanation, and probably non-conviction. Her ill opinion of him was founded chiefly on observations, which, for her cousins' sake, she could scarcely dare mention to their father. Maria and Julia, and especially Maria, were so closely implicated in Mr. Crawford's misconduct, that she could not give his character, such as she believed it, without betraying them. She had hoped that to a man like

über vierundzwanzig mit ausreichendem Einkommen sich so bald wie möglich häuslich niederlassen. Da ich davon so tief überzeugt bin, bedauere ich es um so mehr, dass mein ältester Sohn, dein Cousin, Mr. Bertram, nicht den Eindruck macht, als wolle er in jungen Jahren heiraten. Soweit ich es beurteilen kann, spielt das Heiraten in seinem Denken und Planen keine Rolle. Ich wollte, er hätte größere Neigung, sich zu binden.» Hier folgte ein kurzer Blick auf Fanny. «Wenn ich Edmunds Neigungen und Gewohnheiten betrachte, dann erwarte ich von ihm viel eher als von seinem Bruder, dass er früh heiratet. In der Tat habe ich neuerdings den Eindruck, dass *er* die Frau gefunden hat, die er lieben könnte, was bei meinem ältesten Sohn ganz sicher nicht der Fall ist. Habe ich recht? Stimmst du mir zu, meine Liebe?»

«Ja, Sir.»

Das war leise, aber gelassen gesprochen, und Sir Thomas war beruhigt, was die Cousins betraf. Dass sein Verdacht aus dem Weg geräumt war, nützte allerdings seiner Nichte nichts: da nun feststand, dass ihr Verhalten unerklärlich war, verstärkte sich sein Missfallen. Er stand auf, ging stirnrunzelnd durchs Zimmer, was Fanny, obwohl sie nicht aufzuschauen wagte, sich gut vorstellen konnte, und sagte kurz darauf mit großer Autorität in der Stimme: «Hast du irgendeinen Anlass, Kind, über Mr. Crawfords Charakter schlecht zu urteilen?»

«Nein, Sir.»

Sie hätte allzu gerne hinzugefügt: «aber über seine Prinzipien», doch verließ sie der Mut angesichts der Diskussionen und Erklärungen, die dann folgen müssten, und die ihn wahrscheinlich doch nicht überzeugen würden. Ihre schlechte Meinung von ihm gründete sich vor allem auf Beobachtungen, die sie aus Rücksicht auf ihre Cousinen nicht gut deren Vater gegenüber erwähnen konnte. Maria und Julia, vor allem Maria, waren so tief in Mr. Crawfords Fehlverhalten verwickelt, dass sie seinen Charakter, so wie sie ihn sah, nicht schildern konnte, ohne die beiden zu verraten. Sie hatte gehofft, ein so

her uncle, so discerning, so honourable, so good, the simple acknowledgement of settled *dislike* on her side would have been sufficient. To her infinite grief she found it was not.

Sir Thomas came towards the table where she sat in trembling wretchedness, and with a good deal of cold sternness said: 'It is of no use, I perceive, to talk to you. We had better put an end to this most mortifying conference. Mr. Crawford must not be kept longer waiting. I will, therefore, only add, as thinking it my duty to mark my opinion of your conduct, that you have disappointed every expectation I had formed, and proved yourself of a character the very reverse of what I had supposed. For I *had*, Fanny, as I think my behaviour must have shown, formed a very favourable opinion of you from the period of my return to England. I had thought you peculiarly free from wilfulness of temper, self-conceit, and every tendency to that independence of spirit which prevails so much in modern days, even in young women, and which in young women is offensive and disgusting beyond all common offence. But you have now shown me that you can be wilful and perverse, that you can and will decide for yourself, without any consideration or deference for those who have surely some right to guide you – without even asking their advice. You have shown yourself very, very different from anything that I had imagined. The advantage or disadvantage of your family – of your parents – your brothers and sisters – never seems to have had a moment's share in your thoughts on this occasion. How *they* might be benefited, how *they* must rejoice in such an establishment for you, is nothing to *you*. You think only of yourself; and because you do not feel for Mr. Crawford exactly what a young, heated fancy imagines to be necessary for happiness, you

feinfühliger, so ehrenwerter, so guter Mann wie ihr Onkel würde sich zufrieden geben, wenn sie sich einfach zu einer grundsätzlichen *Abneigung* bekannte. Zu ihrem unendlichen Schmerz stellte sie fest, dass dem nicht so war.

Sir Thomas kam zu dem Tisch, an dem sie zitternd vor Elend saß, und sagte mit harter, kalter Strenge: «Ich sehe, es hat keinen Sinn, mit dir zu reden. Wir sollten dieses höchst peinliche Gespräch beenden. Man darf Mr. Crawford nicht länger warten lassen. Ich will deshalb, da ich es für meine Pflicht halte, dir meine Meinung über dein Verhalten mitzuteilen, nur noch hinzufügen, dass du alle meine Erwartungen enttäuschst und dich charakterlich genau als das Gegenteil dessen herausgestellt hast, was ich in dir vermutete. Ich *hatte* mir nämlich, wie dir mein Verhalten ja wohl gezeigt hat, seit meiner Rückkehr nach England ein sehr vorteilhaftes Urteil über dich gebildet. Ich hatte gedacht, dass gerade du frei von mutwilligen Launen bist, von Einbildung und jedem Drang zu jener geistigen Ungebundenheit, die man heute so oft selbst bei jungen Frauen antrifft, und die bei jungen Frauen ganz besonders beleidigend und abstoßend wirkt, mehr als alles, was man sonst an Anstößigem gewohnt ist. Doch jetzt hast du mir bewiesen, dass du launisch und verstockt sein kannst, dass du deinen eigenen Willen durchsetzen willst und kannst, ohne jede Rücksicht oder Achtung gegenüber denen, die doch sicher ein gewisses Recht haben, dich zu leiten – ohne sie überhaupt um Rat zu fragen. Du hast meinem Bild von dir in keiner Weise entsprochen. Das Wohl oder Wehe deiner Familie – deiner Eltern – deiner Brüder – scheint bei deinen Überlegungen hier nicht die geringste Rolle gespielt zu haben. Welchen Vorteil es *ihnen* hätte bringen können, welch große Freude es *ihnen* bereitet hätte, dich so wohl versorgt zu sehen, das bedeutet *dir* überhaupt nichts. Du denkst nur an dich selbst; und weil du für Mr. Crawford nicht genau das empfindest, was die Einbildung einer jungen erhitzten Phantasie zur Voraussetzung von Glück erklärt, beschließt du,

resolve to refuse him at once, without wishing even for a little time to consider of it, – a little more time for cool consideration, and for really examining your own inclinations, – and are, in a wild fit of folly, throwing away from you such an opportunity of being settled in life, eligibly, honourably, nobly settled, as will, probably, never occur to you again. Here is a young man of sense, of character, of temper, of manners, and of fortune, exceedingly attached to you, and seeking your hand in the most handsome and disinterested way; and let me tell you, Fanny, that you may live eighteen years longer in the world, without being addressed by a man of half Mr. Crawford's estate, or a tenth part of his merits. Gladly would I have bestowed either of my own daughters on him. Maria is nobly married; but had Mr. Crawford sought Julia's hand, I should have given it to him with superior and more heartfelt satisfaction than I gave Maria's to Mr. Rushworth.' After half a moment's pause – 'And I should have been very much surprised had either of my daughters, on receiving a proposal of marriage at any time, which might carry with it only *half* the eligibility of *this*, immediately and peremptorily, and without paying my opinion or my regard the compliment of any consultation, put a decided negative on it. I should have been much surprised, and much hurt, by such a proceeding. I should have thought it a gross violation of duty and respect. *You* are not to be judged by the same rule. You do not owe me the duty of a child. But, Fanny, if your heart can acquit you of *ingratitude* –'

He ceased. Fanny was by this time crying so bitterly, that, angry as he was, he would not press that article further. Her heart was almost broken by such a picture of what she appeared to him; by such accusations, so heavy, so multiplied, so rising in dreadful

ihn auf der Stelle abzuweisen, ohne dass du dir auch nur ein bisschen Bedenkzeit wünschst – ein bisschen mehr nüchterne Bedenkzeit, Zeit, um wirklich herauszufinden, was du willst – und verschleuderst in einem Anfall wirrer Torheit die Gelegenheit, einen Partie zu machen, eine begehrenswerte, ehrenhafte, vornehme Partie – eine Gelegenheit, wie sie sich dir wohl nie wieder bieten wird. Hier ist ein junger Mann, der über Verstand, Charakter, Temperament, Manieren und Vermögen verfügt, der dir zutiefst zugetan ist und höchst großzügig und uneigennützig um deine Hand anhält; und das lass dir gesagt sein, Fanny, du kannst gut und gern noch einmal achtzehn Jahre auf dieser Welt verbringen, ohne dass dir ein anderer den Hof macht, der auch nur halb so viel Vermögen oder nur ein Zehntel seiner Vorzüge hat. Gerne hätte ich ihm eine meiner Töchter zur Frau gegeben. Maria ist sehr gut verheiratet; hätte aber Mr. Crawford um Julias Hand angehalten, hätte ich sie ihm mit größerer und herzlicherer Befriedigung gegeben, als ich Mr. Rushworth die Hand Marias gab.» Nach kurzer Pause – «Und ich wäre sehr erstaunt gewesen, wenn eine meiner Töchter nach einem Heiratsantrag, der auch nur *halb* so wünschenswert wie dieser ist, diesen sofort und eigenmächtig, ohne mir überhaupt die Ehre zu geben, meine Meinung oder Wünsche zu erfragen, mit einem klaren Nein beschieden hätte. Ich wäre sehr erstaunt und auch sehr verletzt gewesen durch ein solches Vorgehen. Ich hätte es für einen groben Verstoß gegen Pflicht und Respekt gehalten. *Du* kannst nicht nach dem gleichen Maßstab gemessen werden. Du schuldest mir nicht die Pflicht eines Kindes. Doch Fanny, wenn dein Herz dich von *Undankbarkeit* freisprechen kann …»

Er hielt inne. Fanny weinte jetzt so bitterlich, dass er, so zornig er auch war, auf diesem Punkt doch nicht weiter beharren wollte. Dass er nun so ein Bild von ihr hatte, zerriss ihr fast das Herz, dazu diese Anschuldigungen, diese schwerwiegenden, die sich vervielfachten in furchtbarer Steigerung!

gradation! Self-willed, obstinate, selfish, and ungrateful. He thought her all this. She had deceived his expectations; she had lost his good opinion. What was to become of her?

'I am very sorry,' said she, inarticulately, through her tears, 'I am very sorry indeed.'

'Sorry! yes, I hope you are sorry; and you will probably have reasons to be long sorry for this day's transactions.'

'If it were possible for me to do otherwise,' said she, with another strong effort, – 'but I am so perfectly convinced that I could never make him happy, and that I should be miserable myself.'

Another burst of tears; but in spite of that burst, and in spite of that great black word *miserable*, which served to introduce it, Sir Thomas began to think a little relenting, a little change of inclination, might have something to do with it; and to augur favourably from the personal entreaty of the young man himself. He knew her to be very timid, and exceedingly nervous; and thought it not improbable that her mind might be in such a state as a little time, a little pressing, a little patience, and a little impatience, a judicious mixture of all on the lover's side, might work their usual effect on. If the gentleman would but persevere – if he had but love enough to persevere – Sir Thomas began to have hopes; and these reflections having passed across his mind and cheered it, 'Well,' said he, in a tone of becoming gravity, but of less anger, – 'well, child, dry up your tears. There is no use in these tears; they can do no good. You must now come downstairs with me. Mr. Crawford has been kept waiting too long already. You must give him your own answer: you cannot expect him to be satisfied with less; and you only can explain to him the grounds of that misconception of your

Eigensinnig, verstockt, selbstsüchtig und undankbar. Dies alles schrieb er ihr nun zu. Sie hatte seine Erwartungen enttäuscht; sie hatte die gute Meinung, die er von ihr hatte, verspielt. Was sollte nun aus ihr werden?

«Es tut mir sehr leid», sagte sie schluchzend, so dass es kaum zu verstehen war, «es tut mir wirklich sehr leid.»

«Leid! Ja, ich hoffe sehr, dass es dir leid tut; was heute vorgefallen ist, wird wohl dafür sorgen, dass es dir sehr lange leid tut.»

«Wenn ich nur anders könnte», sagte sie mit neuer großer Anstrengung, «– aber ich bin so tief davon überzeugt, dass ich ihn niemals glücklich machen könnte, und dass ich selbst ganz unglücklich würde.»

Noch ein Tränenausbruch; doch trotz dieses Ausbruchs, und trotz des großen schwarzen Wortes «unglücklich», das ihn auslöste, glaubte Sir Thomas darin doch allmählich ein leichtes Nachgeben, einen leichten Sinneswandel erkennen zu können; und einen günstigen Einfluss von dem persönlichen Einsatz des jungen Mannes selbst erwarten zu dürfen. Er wusste, dass sie überaus ängstlich und nervös war, und hielt es nicht für ausgeschlossen, dass sie sich nun in einem Gemütszustand befand, wo etwas Zeit, etwas Druck, etwas Geduld, auch etwas Ungeduld, eine ausgewogene Mischung auf Seiten des Verehrers die übliche Wirkung haben könnte. Wenn der junge Mann nur nicht aufgeben würde – wenn seine Liebe dazu groß genug wäre – dann sah Sir Thomas allmählich Grund zur Hoffnung; und nachdem diese Gedanken ihm durch den Kopf gegangen und seine Stimmung aufgehellt hatten, sagte er: «Nun», mit angemessenem Ernst, jedoch weniger Zorn, «nun, Kind, trockne deine Tränen. Diese Tränen helfen nichts, sie bewirken nichts Gutes. Du musst jetzt mit mir hinuntergehen. Mr. Crawford hat schon viel zu lange warten müssen. Du musst ihm deine Antwort selbst überbringen. Mit weniger wird er sich nicht zufriedengeben. Und nur du kannst ihm erklären, wie es zu der falschen Auslegung deiner Gefühlslage kommen konnte, die er zu seinem

sentiments, which, unfortunately for himself, he certainly has imbibed. I am totally unequal to it.'

But Fanny showed such reluctance, such misery, at the idea of going down to him, that Sir Thomas, after a little consideration, judged it better to indulge her. His hopes from both gentleman and lady suffered a small depression in consequence; but when he looked at his niece, and saw the state of feature and complexion which her crying had brought her into, he thought there might be as much lost as gained by an immediate interview. With a few words, therefore, of no particular meaning, he walked off by himself, leaving his poor niece to sit and cry over what had passed with very wretched feelings.

Her mind was all disorder. The past, present, future, everything was terrible. But her uncle's anger gave her the severest pain of all. Selfish and ungrateful! to have appeared so to him! She was miserable for ever. She had no one to take her part, to counsel, or speak for her. Her only friend was absent. He might have softened his father; but all, perhaps all, would think her selfish and ungrateful. She might have to endure the reproach again and again; she might hear it, or see it, or know it to exist for ever in every connection about her. She could not but feel some resentment against Mr. Crawford; yet, if he really loved her, and were unhappy too! – it was all wretchedness together.

In about a quarter of an hour her uncle returned; she was almost ready to faint at the sight of him. He spoke calmly, however, without austerity, without reproach, and she revived a little. There was comfort, too, in his words, as well as his manner, for he began with, 'Mr. Crawford is gone; he has just left me. I need not repeat what has passed. I do not want

eigenen Unglück offenbar in sich aufgesogen hat. Ich bin dazu überhaupt nicht in der Lage.»

Bei dem Gedanken, zu ihm hinuntergehen zu müssen, zeigte Fanny jedoch so viel jammervolles Widerstreben, dass Sir Thomas nach einiger Überlegung es doch für besser hielt, ihr nachzugeben. Damit erhielten seine Hoffnungen, was die beiden, den Herrn und die Dame, betraf, einen kleinen Dämpfer; doch als er seine Nichte anschaute und sah, wie Teint und Gesichtszüge durch das viele Weinen gelitten hatten, da hielt er es für möglich, dass ein Gespräch jetzt gleich mehr Schaden als Nutzen bringen könnte. So machte er sich nach ein paar belanglosen Worten selber auf den Weg und ließ seine arme Nichte zurück, die da mit ziemlich trostlosen Gefühlen saß und weinte über das, was geschehen war.

Sie war in völliger Verwirrung. Vergangenheit, Gegenwart, Zukunft, alles war furchtbar. Doch der Zorn des Onkels tat ihr am allermeisten weh. Selbstsüchtig und undankbar! Dass er sie nun so sah! Sie war auf immer und ewig unglücklich. Sie hatte keinen, der sie verteidigen, sie beraten oder für sie sprechen könnte. Ihr einziger Freund war nicht zu Hause. Er hätte vielleicht seinen Vater besänftigen können. Alle jedoch, womöglich wirklich alle, würden sie für selbstsüchtig und undankbar halten. Vielleicht würde sie diesen Vorwurf nun immer wieder ertragen müssen. Vielleicht würde sie ihn nun für immer hören, sehen, mit ihm rechnen müssen in ihrer gesamten Umgebung. Natürlich empfand sie einen gewissen Groll gegenüber Mr. Crawford; wenn er sie aber wirklich liebte, und ebenfalls unglücklich wäre! – ach, es war alles ein einziges Elend.

Etwa eine Viertelstunde später kam ihr Onkel zurück. Sie war einer Ohnmacht nahe, als sie ihn erblickte. Er sprach jedoch ganz ruhig, ohne Strenge, ohne Vorwurf, und ihre Lebensgeister begannen zurückzukehren. Seine Worte waren ebenso tröstlich wie sein Verhalten, denn er begann folgendermaßen: «Mr. Crawford ist gegangen; er hat mich soeben verlassen. Ich muss wohl nicht wiedergeben, was sich zugetra-

to add to anything you may now be feeling, by an account of what he has felt. Suffice it, that he has behaved in the most gentleman-like and generous manner; and has confirmed me in a most favourable opinion of his understanding, heart, and temper. Upon my representation of what you were suffering, he immediately, and with the greatest delicacy, ceased to urge to see you for the present.'

Here Fanny, who had looked up, looked down again. 'Of course,' continued her uncle, 'it cannot be supposed but that he should request to speak with you alone, be it only for five minutes; a request too natural, a claim too just, to be denied. But there is no time fixed, perhaps tomorrow, or whenever your spirits are composed enough. For the present you have only to tranquillise yourself. Check these tears; they do but exhaust you. If, as I am willing to suppose, you wish to show me any observance, you will not give way to these emotions, but endeavour to reason yourself into a stronger frame of mind. I advise you to go out, the air will do you good; go out for an hour on the gravel, you will have the shrubbery to yourself, and will be the better for air and exercise. And, Fanny (turning back again for a moment), I shall make no mention below of what has passed; I shall not even tell your aunt Bertram. There is no occasion for spreading the disappointment; say nothing about it yourself.'

This was an order to be most joyfully obeyed; this was an act of kindness which Fanny felt at her heart. To be spared from her aunt Norris's interminable reproaches! – he left her in a glow of gratitude. Anything might be bearable rather than such reproaches. Even to see Mr. Crawford would be less overpowering.

gen hat. Ich will das, was du jetzt wohl empfindest, nicht verschlimmern, indem ich berichte, was er empfindet. Es möge genügen, dass er sich überaus nobel und großzügig verhalten hat; und dass er mich in meiner wohlwollenden Einschätzung bestätigt hat, was sein Verständnis, Herz und Gemüt angeht. Nachdem ich ihm geschildert hatte, wie schlecht es dir geht, nahm er sofort und mit dem größten Feingefühl vorläufig Abstand von dem dringenden Wunsch, dich zu sehen.»

Hier senkte Fanny die Augen wieder, die sie gerade erhoben hatte. «Natürlich», sagte ihr Onkel, «wird er auf jeden Fall mit dir allein zu sprechen wünschen, und sei es auch nur für fünf Minuten. Eine Forderung, die so selbstverständlich, ein Anspruch, der so berechtigt ist, dass eine Ablehnung nicht in Frage kommt. Aber es ist kein Zeitpunkt festgelegt, vielleicht morgen, oder wann immer du wieder einigermaßen im Gleichgewicht bist. Vorläufig musst du dich einfach nur beruhigen. Halte die Tränen zurück; sie führen nur zur Erschöpfung. Wenn du, wie ich anzunehmen bereit bin, meinen Anordnungen Folge leisten willst, dann gibst du diesen Gefühlen nicht nach, sondern bemühst dich, mit Hilfe vernünftiger Argumente deinen Gemütszustand zu festigen. Ich rate dir, hinauszugehen, die frische Luft wird dir gut tun; geh eine Stunde lang auf dem Kiesweg spazieren, du hast das Wäldchen für dich, nach der Bewegung in der frischen Luft wird es dir besser gehen. Und, Fanny», indem er sich noch einmal kurz umwandte, «ich werde den Vorgang unten nicht erwähnen, ich erzähle nicht einmal deiner Tante Bertram etwas davon. Es hat keinen Zweck, die Enttäuschung anderen mitzuteilen; sprich auch du selbst nicht darüber.»

Das war ein Befehl, dem sie nur zu gern gehorchte. Das war ein Zeichen der Güte, das Fanny tief im Herzen berührte. Dass ihr die unendlichen Vorwürfe ihrer Tante Norris erspart bleiben sollten! – er ließ sie glühend vor Dankbarkeit zurück. Alles andere war leichter zu ertragen als solche Vorwürfe. Selbst ein Treffen mit Mr. Crawford wäre leichter auszuhalten.

She walked out directly, as her uncle recommended, and followed his advice throughout, as far as she could; did check her tears, did earnestly try to compose her spirits and strengthen her mind. She wished to prove to him that she did desire his comfort, and sought to regain his favour; and he had given her another strong motive for exertion, in keeping the whole affair from the knowledge of her aunts. Not to excite suspicion by her look or manner was now an object worth attaining; and she felt equal to almost anything that might save her from her aunt Norris.

She was struck, quite struck, when, on returning from her walk, and going into the east room again, the first thing which caught her eye was a fire lighted and burning. A fire! it seemed too much; just at that time to be giving her such an indulgence, was exciting even painful gratitude. She wondered that Sir Thomas could have leisure to think of such a trifle again; but she soon found, from the voluntary information of the housemaid, who came in to attend it, that so it was to be every day. Sir Thomas had given orders for it.

'I must be a brute, indeed, if I can be really ungrateful!' said she, in soliloquy. 'Heaven defend me from being ungrateful!'

Chawton Nov: 18. – Friday

... And now, my dear Fanny, having written so much on one side of the question, I shall turn round & entreat you not to commit yourself farther, & not to think of accepting him unless you really do like him. Anything is to be preferred or endured rather than marrying without affection; and if his deficien-

Sie lief sofort hinaus, wie ihr der Onkel geraten hatte, und befolgte seine Anweisungen genau, soweit sie konnte; unterdrückte die Tränen, versuchte ernsthaft, zur Ruhe und in eine ausgeglichene Gemütslage zu kommen. Sie wollte ihm beweisen, dass sie wirklich seinen Wünschen entsprechen und seine Gunst zurückgewinnen wollte. Und er hatte ihr ein weiteres starkes Motiv gegeben, sich anzustrengen, indem er den Tanten die Kenntnis der ganzen Sache vorenthielt. Weder in Aussehen noch Benehmen Verdacht zu erregen, das war nun ein erstrebenswertes Ziel; und sie fühlte sich fast jeder Anforderung gewachsen, die sie vor ihrer Tante Norris retten würde.

Sie war erschüttert, tief erschüttert, als sie von ihrem Spaziergang zurückgekehrt wieder das Zimmer im Ostflügel betrat und ihr als erstes ein Feuer ins Auge fiel, das hier angemacht worden war und brannte. Ein Feuer! Das schien fast zu viel; gerade jetzt sie so zu verwöhnen, weckte nur noch schmerzlichere Dankbarkeit. Sie wunderte sich, dass Sir Thomas überhaupt die Muße fand, sich an eine solche Kleinigkeit zu erinnern; sie erfuhr aber von dem Hausmädchen, das hereinkam, um nach dem Feuer zu sehen, und bereitwillig Auskunft gab, man werde es nun jeden Tag so halten. Sir Thomas hatte dies angeordnet.

«Ich muss wirklich ein Scheusal sein, wenn ich hier nicht Dankbarkeit empfinde!» sagte sie zu sich selbst. «Der Himmel bewahre mich davor, undankbar zu sein!»

An Fanny Knight. Chawton, Freitag, den 18. November 1814

… Und nun, meine liebe Fanny, nachdem ich so viel zu dem einen Aspekt der Frage geschrieben habe, mache ich eine Kehrtwende und bitte Dich eindringlich, keine weiteren Verpflichtungen einzugehen und seinen Antrag auf keinen Fall anzunehmen, wenn Du ihn nicht wirklich gern hast. Alles andere ist besser oder lässt sich leichter ertragen als eine Ver-

cies of manner &c &c strike you more than all his good qualities, if you continue to think strongly of them, give him up at once. Things are now in such a state, that you must resolve upon one or the other, either to allow him to go on as he has done, or whenever you are together behave with a coldness which may convince him that he has been deceiving himself. I have no doubt of his suffering a good deal for a time, a great deal, when he feels that he must give you up; – but it is no creed of mine, as you must be well aware, that such sort of disappointments kill anybody. …

You will be glad to hear that the first edit: of M. P. is all sold. Your Uncle Henry is rather wanting me to come to town, to settle about a 2^{d} edit: but as I could not very conveniently leave home now, I have written him my will and pleasure, & unless he still urges it, shall not go. I am very greedy & want to make the most of it; but as you are much above caring about money, I shall not plague you with any particulars. The pleasures of vanity are more within your comprehension, & you will enter into mine, at receiving the *praise* which every now & then comes to me, through some channel or other. …

bindung ohne Zuneigung. Und wenn die Mängel in seinem Benehmen usw. usw. Dir mehr ins Auge fallen als alle seine Vorzüge, wenn sie nach wie vor Deine Gedanken beherrschen, dann gib ihn sofort auf. Die Sache ist nun so weit gediehen, dass Du auf jeden Fall einen Entschluss fassen musst, entweder ihm sein bisheriges Verhalten weiter zu gestatten, oder aber, wenn Ihr zusammen seid, eine Kälte an den Tag zu legen, die ihn vielleicht davon überzeugt, dass er sich getäuscht hat. Zweifellos wird er eine Zeitlang zu leiden haben, sehr sogar, wenn er merkt, dass er Dich aufgeben muss; aber es gehört nicht zu meinen Glaubenssätzen, wie Du sehr wohl weißt, dass eine solche Enttäuschung irgendjemand umbringt. …

Es wird Dich freuen zu hören, dass die erste Auflage von *Mansfield Park* verkauft ist. Dein Onkel Henry möchte gerne, dass ich nach London komme und mich um eine zweite Auflage kümmere. Aber da mir eine Reise jetzt gerade sehr ungelegen käme, habe ich ihm meinen Wunsch und Willen mitgeteilt und werde nicht fahren, außer er beharrt darauf. Ich bin sehr geldgierig und möchte so viel wie möglich dabei herausschlagen. Aber da Du ja über Gelddinge weit erhaben bist, will ich Dich nicht mit Einzelheiten belästigen. Für die Wonnen der Eitelkeit hast Du jedoch eher Verständnis und wirst nachempfinden, mit welchem Gefühl ich das *Lob* entgegennehme, das mich auf dem einen oder anderen Weg erreicht. …

Emma

Mr. Woodhouse was fond of society in his own way. He liked very much to have his friends come and see him; and from various united causes, from his long residence at Hartfield, and his good nature, from his fortune, his house, and his daughter, he could command the visits of his own little circle, in a great measure as he liked. He had not much intercourse with any families beyond that circle; his horror of late hours and large dinner-parties made him unfit for any acquaintance, but such as would visit him on his own terms. Fortunately for him, Highbury, including Randalls in the same parish, and Donwell Abbey in the parish adjoining, the seat of Mr. Knightley, comprehended many such. Not unfrequently, through Emma's persuasion, he had some of the chosen and the best to dine with him, but evening-parties were what he preferred, and, unless he fancied himself at any time unequal to company, there was scarcely an evening in the week in which Emma could not make up a card-table for him.

Real, long-standing regard brought the Westons and Mr. Knightley; and by Mr. Elton, a young man living alone without liking it, the privilege of exchanging any vacant evening of his own blank solitude for the elegancies and society of Mr. Woodhouse's drawing-room and the smiles of his lovely daughter, was in no danger of being thrown away.

After these came a second set; among the most come-at-able of whom were Mrs. and Miss Bates

Emma

Emma Woodhouse, nach dem frühen Tod ihrer Mutter von Miss Taylor erzogen, ist nun Herrin im Haus ihres Vaters, nachdem Miss Taylor Mr. Weston geheiratet hat.

Mr. Woodhouse liebte Geselligkeit, aber auf seine Weise. Er mochte es gern, wenn seine Freunde zu Besuch kamen; und da bei ihm die unterschiedlichsten Umstände zusammenwirkten, die langjährige Anwesenheit in Hartfield, sein gutmütiges Wesen, das Vermögen, das Haus und seine Tochter, konnte er seinen kleinen Kreis mehr oder weniger nach Belieben zu sich bitten. Mit Familien jenseits dieses Zirkels hatte er wenig gesellschaftlichen Umgang. Da er große Dinnergesellschaften ebenso wenig leiden konnte wie langes Aufbleiben, war er für Bekanntschaften ungeeignet, mit Ausnahme der Besucher, die sich ganz nach seinem Willen richteten. Es war sein Glück, dass es davon viele gab in Highbury, Randalls mit eingeschlossen, das in der gleichen Gemeinde lag, sowie Donwell Abbey in der Nachbargemeinde, dem Sitz von Mr. Knightley. Auf Emmas Drängen hin hatte er nicht selten die Crème des Zirkels bei sich zum Essen, doch zog er Abendeinladungen vor, und wenn er sich nicht gerade durch Gesellschaft überfordert fühlte, dann gab es kaum einen Abend in der Woche, an dem Emma nicht einen Kartentisch für ihn zusammenstellen konnte.

Aus langjährigem aufrichtigen Respekt kamen die Westons und Mr. Knightley; und was Mr. Elton betraf, einen Junggesellen wider Willen, so war nicht zu befürchten, dass er das Privileg ausschlagen würde, einen in schnöder Einsamkeit verbrachten freien Abend gegen die Eleganz und Geselligkeit in Mr. Woodhouses Salon und gegen das Lächeln seiner entzückenden Tochter einzutauschen.

Nach diesen kam eine zweite Gruppe; unter denen, die am leichtesten zu haben waren, befanden sich Mrs. und Miss

and Mrs. Goddard, three ladies almost always at the service of an invitation from Hartfield, and who were fetched and carried home so often that Mr. Woodhouse thought it no hardship for either James or the horses. Had it taken place only once a year, it would have been a grievance.

Mrs. Bates, the widow of a former vicar of Highbury, was a very old lady, almost past everything but tea and quadrille. She lived with her single daughter in a very small way, and was considered with all the regard and respect which a harmless old lady, under such untoward circumstances, can excite. Her daughter enjoyed a most uncommon degree of popularity for a woman neither young, handsome, rich, nor married. Miss Bates stood in the very worst predicament in the world for having much of the public favour; and she had no intellectual superiority to make atonement to herself, or frighten those who might hate her, into outward respect. She had never boasted either beauty or cleverness. Her youth had passed without distinction, and her middle of life was devoted to the care of a failing mother, and the endeavour to make a small income go as far as possible. And yet she was a happy woman, and a woman whom no one named without good-will. It was her own universal good-will and contented temper which worked such wonders. She loved everybody, was interested in everybody's happiness, quick-sighted to everybody's merits; thought herself a most fortunate creature, and surrounded with blessings in such an excellent mother and so many good neighbours and friends, and a home that wanted for nothing. The simplicity and cheerfulness of her nature, her contented and grateful spirit, were a recommendation to everybody and a mine of felicity to herself. She was a

Bates und Mrs. Goddard, drei Damen, die fast immer für Einladungen aus Hartfield zur Verfügung standen. So oft holte man sie ab und brachte sie nach Hause, dass Mr. Woodhouse es nicht als große Umstände betrachtete, weder für James noch für die Pferde. Wäre es nur einmal im Jahr vorgekommen, hätte er es als beschwerlich empfunden.

Mrs. Bates, die Witwe eines ehemaligen Pfarrers von Highbury, war eine sehr alte Dame, schon fast jenseits von allem, außer Tee und Quadrille. Sie lebte mit ihrer alleinstehenden Tochter in sehr bescheidenen Verhältnissen; man begegnete ihr mit all der Achtung und dem Respekt, den eine harmlose alte Dame unter so misslichen Umständen hervorrufen kann. Ihre Tochter erfreute sich einer Beliebtheit recht ungewöhnlichen Ausmaßes für eine Frau, die weder jung, schön, reich noch verheiratet war. Da sie so sehr in der öffentlichen Gunst stand, befand sich Miss Bates in der allerschlimmsten Zwangslage, die man sich vorstellen konnte; und sie verfügte nicht über die intellektuelle Überlegenheit, um sich damit auszusöhnen, oder denen, die sie vielleicht nicht mochten, soviel Angst einzujagen, dass sie sie wenigstens äußerlich respektierten. Sie hatte sich nie irgendwelcher Schönheit oder Klugheit rühmen können. Ihre Jugend war völlig unauffällig verlaufen, und die Mitte ihres Lebens war der Sorge für eine dahinwelkende Mutter und dem Bemühen gewidmet, mit einem kleinen Einkommen so gut wie möglich auszukommen. Und trotzdem war sie eine glückliche Frau, noch dazu eine Frau, von der keiner ohne Wohlwollen sprach. Es war ihr eigenes umfassendes Wohlwollen und ihre zufriedene Natur, die dieses Wunder vollbrachten. Sie hatte jeden gern, wollte eines jeden Glück, entdeckte sofort eines jeden Vorzüge; hielt sich selbst für ein vom Glück bevorzugtes Wesen, von Segnungen umgeben, mit einer so wunderbaren Mutter und so vielen guten Nachbarn und Freunden, und einem Zuhause, dem es an nichts fehlte. Die fröhliche Einfalt ihrer Natur, ihr zufriedenes, dankbares Gemüt empfahlen sie jedermann und waren für sie selbst eine ständige Quelle der Glückseligkeit. Sie war eine große

great talker upon little matters, which exactly suited Mr. Woodhouse, full of trivial communications and harmless gossip.

Mrs. Goddard was the mistress of a school – not of a seminary, or an establishment, or anything which professed, in long sentences of refined nonsense, to combine liberal acquirements with elegant morality upon new principles and new systems – and where young ladies for enormous pay might be screwed out of health and into vanity – but a real, honest, old-fashioned boarding-school, where a reasonable quantity of accomplishments were sold at a reasonable price, and where girls might be sent to be out of the way and scramble themselves into a little education, without any danger of coming back prodigies. Mrs. Goddard's school was in high repute – and very deservedly; for Highbury was reckoned a particularly healthy spot: she had an ample house and garden, gave the children plenty of wholesome food, let them run about a great deal in the summer, and in winter dressed their chilblains with her own hands. It was no wonder that a train of twenty young couples now walked after her to church. She was a plain, motherly kind of woman, who had worked hard in her youth, and now thought herself entitled to the occasional holiday of a tea-visit; and having formerly owed much to Mr. Woodhouse's kindness, felt his particular claim on her to leave her neat parlour hung round with fancy-work whenever she could, and win or lose a few sixpences by his fireside.

These were the ladies whom Emma found herself very frequently able to collect; and happy was she, for her father's sake, in the power; though, as far as she was herself concerned, it was no remedy for the absence of Mrs. Weston. She was delighted to see

Klatschtante vor dem Herrn, was Mr. Woodhouse gerade recht war, und steckte voller unwichtiger Nachrichten und harmlosem Tratsch.

Mrs. Goddard war Leiterin einer Schule – nicht etwa eines Seminars, einer Anstalt oder einer jener Einrichtungen, die in langen Sätzen voll elegantem Unsinn behaupteten, weltoffene Fertigkeiten mit vornehmer Moral auf der Grundlage neuheitlicher Prinzipien und Lernsysteme zu verbinden, und wo junge Damen für Unsummen Geldes aus einem Zustand der Gesundheit in einen solchen der Eitelkeit getrieben wurden –, sondern eines richtigen, ehrbaren, altmodischen Pensionats, wo Fertigkeiten in einem vernünftigen Umfang zu einem vernünftigen Preis verkauft wurden, und wohin man die Mädchen schicken konnte, damit sie aus dem Weg waren und ein bisschen Bildung ergatterten, ohne gleich das Risiko einzugehen, als Wunderkinder zurückzukommen. Mrs. Goddards Schule hatte einen sehr guten Ruf, und dies zu Recht; denn Highbury galt als ein besonders gesundes Fleckchen; sie besaß ein weitläufiges Haus mit Garten, gab den Kindern reichlich gesundes Essen, ließ sie im Sommer viel herumrennen und versorgte im Winter eigenhändig ihre Frostbeulen. Es war nicht verwunderlich, dass ihr nun ein Zug von zwanzig jungen Mädchenpaaren in die Kirche folgte. Sie war eine schlichte mütterliche Frau, die in ihrer Jugend hart gearbeitet hatte und glaubte, sie habe sich nun gelegentlich einen freien Tag für einen Teebesuch verdient. Und da sie Mr. Woodhouses Freundlichkeit aus früheren Zeiten viel zu verdanken hatte, fühlte sie sich ihm gegenüber ganz besonders in der Pflicht, ihren gepflegten, rundum mit kunstvollen Näharbeiten behangenen Salon zu verlassen, wann immer sie konnte, und an Mr. Woodhouses Kamin sitzend etwas Kleingeld zu gewinnen oder zu verlieren.

Dies waren also die Damen, die Emma recht häufig bei sich versammeln konnte; und darüber war sie glücklich, im Interesse ihres Vaters. Was allerdings sie selbst betraf, so war das kein Ersatz für Mrs. Westons Abwesenheit. Sie war froh, wenn ihr Vater sich wohlfühlte, und sehr zufrieden mit sich

her father look comfortable, and very much pleased with herself for contriving things so well; but the quiet prosings of three such women made her feel that every evening so spent, was indeed one of the long evenings she had fearfully anticipated.

*

After a mutual silence of some minutes, Harriet thus began again –

'I do so wonder, Miss Woodhouse, that you should not be married, or going to be married! so charming as you are!' –

Emma laughed, and replied,

'My being charming, Harriet, is not quite enough to induce me to marry; I must find other people charming – one other person at least. And I am not only, not going to be married, at present, but have very little intention of ever marrying at all.'

'Ah! so you say; but I cannot believe it.'

'I must see somebody very superior to anyone I have seen yet, to be tempted; Mr. Elton, you know, (recollecting herself,) is out of the question: and I do *not* wish to see any such person. I would rather not be tempted. I cannot really change for the better. If I were to marry, I must expect to repent it.'

'Dear me! – it is so odd to hear a woman talk so!' –

'I have none of the usual inducements of women to marry. Were I to fall in love, indeed, it would be a different thing! but I never have been in love;

selbst, dass sie dies alles so geschickt bewerkstelligte; doch gab ihr das ruhig dahinplätschernde Geschwätz dreier solcher Frauen das Gefühl, als sei jeder dergestalt verbrachte Abend in der Tat einer jener Abende, die sie voller Angst hatte kommen sehen.

*

Emma Woodhouse hat den Ehrgeiz, ihre junge Freundin Harriet, die aus einfachen Verhältnissen stammt, für die bessere Gesellschaft zu erziehen.

Nachdem sie beide eine Weile geschwiegen hatten, begann Harriet erneut:

«Es wundert mich so sehr, Miss Woodhouse, dass Sie nicht verheiratet sind oder wenigstens verlobt! Sie sind doch so bezaubernd!»

Emma lachte und antwortete:

«Dass ich bezaubernd bin, Harriet, ist für mich noch lange kein Anreiz zum Heiraten; ich muss andere Leute bezaubernd finden – zumindest einen anderen Menschen. Und es geht nicht nur darum, dass ich zur Zeit nicht daran denke, sondern ich habe wenig Lust, überhaupt jemals zu heiraten.»

«Ach! Das sagen Sie so; aber ich kann es nicht glauben.»

«Ich müsste jemand finden, der alle Männer, die ich bisher kenne, bei weitem übertrifft, um überhaupt in Versuchung zu kommen; Mr. Elton, weißt du», sie besann sich, « kommt nicht in Frage. Und ich *will* so einen Mann auch gar nicht kennenlernen. Ich will mich lieber gar nicht in Versuchung führen lassen. Besser als jetzt kann es mir überhaupt nicht gehen. Würde ich heiraten, würde ich es bereuen; damit muss ich rechnen.»

«Meine Güte! – es ist wirklich seltsam, wenn eine Frau so spricht!»

«Was andere Frauen normalerweise zum Heiraten bewegt, gilt für mich nicht. Es wäre natürlich etwas ganz anderes, wenn ich mich verlieben würde! Aber ich habe mich noch nie verliebt; das passt nicht zu mir, das liegt nicht in meiner Na-

it is not my way, or my nature; and I do not think I ever shall. And, without love, I am sure I should be a fool to change such a situation as mine. Fortune I do not want; employment I do not want; consequence I do not want: I believe few married women are half as much mistress of their husband's house, as I am of Hartfield; and never, never could I expect to be so truly beloved and important; so always first and always right in any man's eyes as I am in my father's.'

'But then, to be an old maid at last, like Miss Bates!'

'That is as formidable an image as you could present, Harriet; and if I thought I should ever be like Miss Bates! so silly – so satisfied – so smiling – so prosing – so undistinguishing and unfastidious – and so apt to tell everything relative to everybody about me, I would marry tomorrow. But between *us*, I am convinced there never can be any likeness, except in being unmarried.'

'But still, you will be an old maid! and that's so dreadful!'

'Never mind, Harriet, I shall not be a poor old maid; and it is poverty only which makes celibacy contemptible to a generous public! A single woman, with a very narrow income, must be a ridiculous, disagreeable, old maid! the proper sport of boys and girls; but a single woman, of good fortune, is always respectable, and may be as sensible and pleasant as anybody else. And the distinction is not quite so much against the candour and common sense of the world as appears at first; for a very narrow income has a tendency to contract the mind, and sour the temper. Those who can barely live, and who live

tur; und ich glaube nicht, dass mir das je passieren wird. Und ohne Liebe wäre ich ja dumm, würde ich meine Lebensumstände verändern. Es fehlt mir nicht an Vermögen; es fehlt mir nicht an Beschäftigung; es fehlt mir nicht an gesellschaftlichem Einfluss. Es gibt nur wenige verheiratete Frauen, die im Haus ihres Mannes auch nur halb so viel bestimmen können wie ich in Hartfield, da bin ich sicher. Und niemals, wirklich niemals könnte ich erwarten, so geliebt und geschätzt zu werden; niemals könnte ich damit rechnen, in den Augen irgendeines Mannes in dem Maße immer die Erste, immer im Recht zu sein, wie bei meinem Vater.»

«Aber dann irgendwann eine alte Jungfer zu sein, wie Miss Bates!»

«Ein schrecklicheres Bild hättest du nicht herauf beschwören können, Harriet; und wenn ich Angst haben müsste, je wie Miss Bates zu werden! So albern – so zufrieden – so immerlächelnd – so geschwätzig – so ohne jede Urteilskraft und Anspruch – und mit einer derartigen Neigung, allen alles über alle in meiner Umgebung zu erzählen, ja, dann würde ich morgen heiraten. Aber ganz unter *uns*, ich bin sicher, da wird es nichts zu vergleichen geben, außer dass wir beide unverheiratet sind.»

«Aber trotzdem sind Sie dann eine alte Jungfer! Und das ist so schrecklich!»

«Keine Sorge, Harriet, ich bin dann keine arme alte Jungfer; und es ist ja nur die Armut, die das Leben der unverheirateten Frauen in der breiten Öffentlichkeit so verachtenswert macht! Eine alleinstehende Frau mit einem sehr schmalen Einkommen muss ganz einfach eine lächerliche, widerliche alte Jungfer sein! Für Buben und Mädchen eine willkommene Zielscheibe. Eine alleinstehende Frau mit Vermögen jedoch ist immer angesehen und kann so vernünftig und liebenswert sein wie jede andere auch. Und wenn die Welt eine solche Unterscheidung trifft, dann widerspricht dies nicht so sehr der Aufrichtigkeit und dem gesunden Menschenverstand, wie es zunächst scheinen mag; denn ein sehr schmales Einkommen macht oft den Geist eng und das Gemüt griesgrämig. Die-

perforce in a very small, and generally very inferior, society, may well be illiberal and cross. This does not apply, however, to Miss Bates; she is only too good natured and too silly to suit me; but, in general, she is very much to the taste of everybody, though single and though poor. Poverty certainly has not contracted her mind: I really believe, if she had only a shilling in the world, she would be very likely to give away sixpence of it; and nobody is afraid of her: that is a great charm.'

'Dear me! but what shall you do? how shall you employ yourself when you grow old?"

'If I know myself, Harriet, mine is an active, busy mind, with a great many independent resources; and I do not perceive why I should be more in want of employment at forty or fifty than one-and-twenty. Woman's usual occupations of eye and hand and mind will be as open to me then, as they are now; or with no important variation. If I draw less, I shall read more; if I give up music, I shall take to carpet-work. And as for objects of interest, objects for the affections, which is in truth the great point of inferiority, the want of which is really the great evil to be avoided in *not* marrying, I shall be very well off, with all the children of a sister I love so much, to care about. There will be enough of them, in all probability, to supply every sort of sensation that declining life can need. There will be enough for every hope and every fear; and though my attachment to none can equal that of a parent, it suits my ideas of comfort better than what is warmer and blinder. My nephews and nieces! – I shall often have a niece with me.'

jenigen, die sich kaum über Wasser halten können, und die zwangsläufig in sehr beschränkter, minderwertiger Gesellschaft leben, können leicht engstirnig und verbittert werden. Dies trifft allerdings nicht auf Miss Bates zu. Sie ist nur einfach zu gutmütig und zu albern für meinen Geschmack; ganz allgemein ist sie jedoch bei jedermann wohlgelitten, obwohl sie alleinstehend und obwohl sie arm ist. Sie hat die Armut keinesfalls engstirnig gemacht: Ich bin fest davon überzeugt, hätte sie nur einen Schilling auf der Welt, sie würde höchstwahrscheinlich die Hälfte davon abgeben. Und außerdem hat keiner Angst vor ihr, das wirkt sehr gewinnend.»

«Aber, mein Gott, was machen Sie denn dann? Womit beschäftigen Sie sich, wenn Sie alt werden?»

«So wie ich mich kenne, Harriet, bin ich geistig sehr aktiv und rege, wobei ich auf viele unterschiedliche Quellen zurückgreifen kann; und ich sehe nicht ein, weshalb ich mit vierzig oder fünfzig weniger zu tun haben sollte als mit einundzwanzig. Das, womit Frauen üblicherweise Auge, Hand und Geist beschäftigen, wird mir dann nicht anders offen stehen als heute; im großen und ganzen wenigstens. Wenn ich weniger zeichne, lese ich mehr. Wenn ich das Musizieren aufgebe, knüpfe ich eben Teppiche. Und was nun die Objekte der Aufmerksamkeit, die Objekte der Zuneigung betrifft, was ja der springende Punkt ist, der das Unterlegensheitsgefühl in Wahrheit ausmacht, eine Lücke, die genau das große Problem darstellt, mit dem man fertig werden muss, wenn man *nicht* heiratet, nun, so werde ich bestens versorgt sein, da ich mich um all die Kinder einer heißgeliebten Schwester kümmern kann. Davon wird es höchstwahrscheinlich genügend geben, um all die Gefühlsbewegungen zu liefern, deren ein zur Neige gehendes Leben bedarf. Genügend für jede Art von Hoffnung und Angst; und obwohl meine Zuneigung zu keinem von ihnen mit Elterngefühlen vergleichbar sein kann, entspricht sie doch eher meiner Vorstellung von Wohlempfinden als wärmere, blindere Gefühle. Meine Neffen und Nichten! – ich habe dann oft eine Nichte bei mir.»

'Do you know Miss Bates's niece? That is, I know you must have seen her a hundred times – but are you acquainted?'

'Oh! yes; we are always forced to be acquainted whenever she comes to Highbury. By the bye, *that* is almost enough to put one out of conceit with a niece. Heaven forbid! at least, that I should ever bore people half so much about all the Knightleys together, as she does about Jane Fairfax. One is sick of the very name of Jane Fairfax. Every letter from her is read forty times over; her compliments to all friends go round and round again; and if she does but send her aunt the pattern of a stomacher, or knit a pair of garters for her grandmother, one hears of nothing else for a month. I wish Jane Fairfax very well; but she tires me to death.'

Dec. 11.

Dear Sir

My 'Emma' is now so near publication that I feel it right to assure you of my not having forgotten your kind recommendation of an early copy for Carlton House, and that I have Mr. Murray's promise of its being sent to His Royal Highness, under cover to you, three days previous to the work being really out. I must make use of this opportunity to thank you, dear Sir, for the very high praise you bestow on my other novels. I am too vain to wish to convince you that you have praised them beyond their merits. My greatest anxiety at present is that

«Kennen Sie die Nichte von Miss Bates? Das heißt, ich weiß ja, dass Sie sie schon hundert Mal gesehen haben müssen – aber pflegen Sie Umgang mit ihr?»

«Oh ja! Wir müssen jedes Mal Umgang miteinander pflegen, wenn sie nach Highbury kommt. Nebenbei gesagt, *das* reicht schon fast, um einem die Idee mit der Nichte zu vergällen. Der Himmel bewahre mich wenigstens davor, dass ich jemals die Leute auch nur halb so langweile mit allen Knightleys, wie sie mit Jane Fairfax. Schon den Namen Jane Fairfax kann man ja nicht mehr hören. Jeder Brief von ihr wird vierzigmal vorgelesen; ihre Grüße an die Freunde machen unaufhörlich die Runde; und wenn sie der Tante auch nur den Schnitt eines Brusttuchs schickt oder der Großmutter ein paar Strumpfbänder strickt, dann bekommt man einen Monat lang nichts anderes zu hören. Ich wünsche Jane Fairfax das Beste: aber sie langweilt mich zu Tode.»

Jane Austen war aufgefordert worden, Emma *dem Prinzregenten zu widmen. Clarke war dessen Bibliothekar.*

An James Stanier Clarke. Montag, den 11. Dezember 1815

Sehr geehrter Mr. Clarke,

meine «Emma» steht nun so kurz vor der Veröffentlichung, dass es mir geboten erscheint, Ihnen zu versichern, dass ich Ihre freundliche Empfehlung, ein Vorabexemplar an Carlton House zu schicken, nicht vergessen habe, und dass mir Mr. Murray versprochen hat, dieses über Ihre Adresse Seiner Königlichen Hoheit zuzusenden, drei Tage, bevor es endgültig herauskommt. Ich möchte die Gelegenheit nutzen, Ihnen, lieber Mr. Clarke, für das große Lob zu danken, das Sie meinen anderen Romanen zuteil werden lassen. Ich bin zu eitel, als dass ich Sie davon überzeugen wollte, Sie hätten sie über Gebühr gelobt. Im Augenblick ist es meine größte

this fourth work should not disgrace what was good in the others. But on this point I will do myself the justice to declare that, whatever may be my wishes for its success, I am very strongly haunted with the idea that to those readers who have preferred 'Pride and Prejudice' it will appear inferior in wit, and to those who have preferred 'Mansfield Park' very inferior in good sense. Such as it is, however, I hope you will do me the favour of accepting a copy. Mr. Murray will have directions for sending one. I am quite honoured by your thinking me capable of drawing such a clergyman as you gave the sketch of in your note of Nov. 16th. But I assure you I am *not*. The comic part of the character I might be equal to, but not the good, enthusiastic, the literary. Such a man's conversation must at times be on subjects of science and philosophy, of which I know nothing; or at least be occasionally abundant in quotations and allusions which a woman who, like me, knows only her own mother tongue, and has read very little in that, would be totally without the power of giving. A classical education, or at any rate a very extensive acquaintance with English literature, ancient and modern, appears to me quite indispensable for the person who would do any justice to your clergyman; and I think I may boast myself to be, with all possible vanity, the most unlearned and uninformed female who ever dared to be an authoress.

Believe me, dear Sir,
Your obliged and faithful hum^{bl} Ser^{t}.
Jane Austen

Sorge, dass dieses vierte Buch der Qualität der andern keine Schande macht. Aber ich will mir selbst insoweit Gerechtigkeit widerfahren lassen, als ich erkläre, dass mich – so sehr ich dem Buch Erfolg wünsche – der Gedanke verfolgt, die Leser, denen *Stolz und Vorurteil* am besten gefallen hat, könnten einen Mangel an Geist, und diejenigen, die *Mansfield Park* vorzogen, einen Mangel an gesundem Menschenverstand feststellen. In jedem Falle hoffe ich, Sie tun mir den Gefallen und nehmen ein Exemplar an. Ich werde Mr. Murray anweisen, Ihnen eines zu schicken. Es ist mir eine große Ehre, dass Sie es mir zutrauen, einen Geistlichen der Art darzustellen, wie Sie ihn in Ihrem Brief vom 16. November skizziert haben. Ich versichere Ihnen jedoch, das kann ich nicht. Vielleicht wäre ich der komischen Seite der Figur gewachsen, nicht aber ihrer Güte, ihrer Begeisterungsfähigkeit, ihrer Belesenheit. Ein solcher Mann muss sich gelegentlich über Themen wie Wissenschaft oder Philosophie unterhalten, wovon ich überhaupt nichts verstehe; oder wenigstens ab und zu sich ergießen in Zitaten und Anspielungen, die wiederzugeben die Möglichkeiten einer Frau weit übersteigt, die wie ich nur ihre eigene Muttersprache kennt und auch auf diesem Gebiet wenig gelesen hat. Klassische Bildung oder zumindest sehr gründliche Kenntnis der älteren und neueren englischen Literatur scheinen mir eine unabdingbare Voraussetzung zu sein für denjenigen, der Ihrem Geistlichen gerecht werden will. Und ich glaube, mich mit aller erdenklichen Eitelkeit rühmen zu können, das ungebildetste und unwissendste weibliche Wesen zu sein, das sich jemals erdreistete, Schriftstellerin zu werden.

Mit vorzüglicher Hochachtung
Ihre ergebenste und untertänigste Dienerin
Jane Austen

Chawton Feb: 20

My dearest Fanny,

You are inimitable, irresistible. You are the delight of my life. Such letters, such entertaining letters as you have lately sent! Such a description of your queer little heart! Such a lovely display of what imagination does. You are worth your weight in gold, or even in the new silver coinage. I cannot express to you what I have felt in reading your history of yourself, how full of pity & concern & admiration & amusement I have been. You are the paragon of all that is silly & sensible, common-place & eccentric, sad & lively, provoking & interesting. Who can keep pace with the fluctuations of your fancy, the capriccios of your taste, the contradictions of your feelings? You are so odd! – & all the time, so perfectly natural – so peculiar in yourself, & yet so like everybody else! It is very, very gratifying to me to know you so intimately. You can hardly think what a pleasure it is to me, to have such thorough pictures of your heart. Oh! what a loss it will be when you are married. You are too agreeable in your single state, too agreeable as a niece. I shall hate you when your delicious play of mind is all settled down into conjugal & maternal affections. …

Chawton, Thursday March 13.

… Single women have a dreadful propensity for being poor – which is one very strong argument in favour of matrimony, but I need not dwell on such arguments with *you*, pretty dear, you do not want

An Fanny Knight. Chawton, Donnerstag, den 20. Februar 1817

Meine liebste Fanny,

Du bist unnachahmlich, unwiderstehlich. Du bist die Wonne meines Lebens. Was für Briefe, was für unterhaltsame Briefe hast Du in letzter Zeit geschickt! Was für eine Darstellung Deines seltsamen kleinen Herzens! Was für eine wunderbare Demonstration dessen, was die Phantasie vermag. Du verdienst es, in Gold aufgewogen zu werden, oder auch in den neuen Silbermünzen. Ich kann Dir gar nicht sagen, was ich beim Lesen Deiner Selbstbeschreibung empfunden habe, wie erfüllt ich war von Mitleid, Sorge, Bewunderung und Belustigung. Du bist ein Musterbeispiel für alles, was zugleich albern und vernünftig, durchschnittlich und ausgefallen, traurig und lebhaft, herausfordernd und interessant ist. Wer kann Schritt halten mit dem Hin und Her Deiner Phantasie, den Launen Deines Geschmacks, den Widersprüchen in Deinen Gefühlen? Du bist so sonderbar! – und gleichzeitig so durch und durch natürlich – so eigenwillig und doch auch wieder wie alle andern! Es ist für mich wirklich ein großer Gewinn, Dich so im Innersten zu kennen. Du hast keine Vorstellung, wieviel Vergnügen es mir macht, Dein Herz so eingehend abgebildet zu bekommen. Ach! Was wird das für ein Verlust sein, wenn Du verheiratet bist. Du bist viel zu sympathisch in Deinem unverheirateten Zustand, viel zu sympathisch als Nichte. Ich werde Dich nicht mehr leiden können, wenn Deine kostbare geistige Beweglichkeit sesshaft wird in ehelichen und mütterlichen Gefühlen. …

An Fanny Knight. Chawton, Donnerstag, den 13. März 1817

… Alleinstehende Frauen haben einen schrecklichen Hang zur Armut, was ein sehr starkes Argument zugunsten des Ehestands ist. Aber *Dir* gegenüber, mein liebes hübsches Kind, brauche ich bei solchen Argumenten nicht zu verweilen,

inclination. Well, I shall say, as I have often said before, do not be in a hurry; depend upon it, the right man will come at last; you will in the course of the next two or three years, meet with somebody more generally unexceptionable than anyone you have yet known, who will love you as warmly as ever *he* did, and who will so completely attach you, that you will feel you never really loved before. And then, by not beginning the business of mothering quite so early in life, you will be young in constitution, spirits, figure & countenance, while Mrs. Wm Hammond is growing old by confinements & nursing. …

Du bist der Ehe ja nicht abgeneigt. Nun gut, ich werde wie schon so oft sagen: Übereile nichts, verlass Dich drauf, irgendwann kommt der richtige Mann. Im Lauf der nächsten zwei oder drei Jahre wirst Du einen treffen, der in noch weiterem Sinn untadelig ist als irgendeiner, den Du bisher kanntest, und der Dich genauso herzlich liebt, wie *er* es je tat, und der Dich so vollständig an sich bindet, dass es Dir vorkommt, als hättest Du vorher nie geliebt. Dann wirst Du auch, weil Du die Sache mit dem Kinderkriegen nicht in einem so frühen Lebensstadium begonnen hast, jung bleiben in Gesundheit, Gemüt, Figur und Aussehen, während Mrs. William Hammond dahinaltert vor lauter Entbinden und Stillen. …

Persuasion

A morning of thorough confusion was to be expected. A large party in an hotel ensured a quick-changing, unsettled scene. One five minutes brought a note, the next a parcel, and Anne had not been there half an hour, when their dining-room, spacious as it was, seemed more than half filled: a party of steady old friends were seated round Mrs. Musgrove, and Charles came back with Captains Harville and Wentworth. The appearance of the latter could not be more than the surprise of the moment. It was impossible for her to have forgotten to feel, that this arrival of their common friends must be soon bringing them together again. Their last meeting had been most important in opening his feelings; she had derived from it a delightful conviction; but she feared from his looks, that the same unfortunate persuasion, which had hastened him away from the concert room, still governed. He did not seem to want to be near enough for conversation.

She tried to be calm, and leave things to take their course; and tried to dwell much on this argument of rational dependance – 'Surely, if there be constant attachment on each side, our hearts must

Überredung

Auf Anraten einer mütterlichen Freundin hat Anne Elliot vor acht Jahren dem damals noch mittellosen Captain Wentworth einen Korb gegeben. Nun, acht Jahre später, trifft sie ihn wieder. Die Klärung ihrer Gefühle muss in der Öffentlichkeit eines Salons gelingen, in einem Hotel in Bath, wo ihre Verwandtschaft abgestiegen ist. – Mr. Elliot ist ein Cousin, der Anne den Hof macht. – Captain Benwick war mit Captain Harvilles jung verstorbener Schwester verlobt.

Ein Vormittag voller Verwirrung stand zu erwarten. Wenn sich so eine große Gesellschaft in einem Hotel versammelte, bedeutete dies Unruhe und ständigen raschen Szenenwechsel. Alle fünf Minuten kam etwas anderes, erst eine Nachricht, dann ein Paket, und Anne war noch keine halbe Stunde da, als das Speisezimmer, obwohl sehr groß, schon mehr als zur Hälfte besetzt schien. Ein Gruppe treuer alter Freundinnen saß im Kreis um Mrs. Musgrove, und Charles kam mit Captain Harville und Captain Wentworth zurück. Dass der letztere hier erschien, war nur im ersten Augenblick eine Überraschung. Sie konnte unmöglich vergessen haben, dass die Ankunft ihrer gemeinsamen Freunde sie bald wieder zusammenbringen musste. Ihr letztes Zusammentreffen war deshalb von besonderer Bedeutung gewesen, weil es seine Gefühle offenbart hatte. Sie hatte daraus eine wundervolle Gewissheit gewonnen. Aber so wie er jetzt aussah, musste sie befürchten, dass dieselbe unglückselige Überzeugung, die ihn so rasch aus dem Konzertsaal vertrieben hatte, immer noch vorherrschend war. Es hatte nicht den Anschein, als ob er ihre Nähe für ein Gespräch suchte.

Sie bemühte sich, ruhig zu bleiben und den Dingen ihren Lauf zu lassen, und versuchte, bei folgendem vernunftgestützten Argument zu verweilen: «Wenn es auf beiden Seiten wirklich eine stetige Zuneigung gibt, dann werden sich

understand each other ere long. We are not boy and girl, to be captiously irritable, misled by every moment's inadvertence, and wantonly playing with our own happiness.' And yet, a few minutes afterwards, she felt as if their being in company with each other, under their present circumstances, could only be exposing them to inadvertencies and misconstructions of the most mischievous kind.

*

Captain Wentworth left his seat, and walked to the fire-place; probably for the sake of walking away from it soon afterwards, and taking a station, with less bare-faced design, by Anne.

'You have not been long enough in Bath,' said he, 'to enjoy the evening parties of the place.'

'Oh! no. The usual character of them has nothing for me. I am no card-player.'

'You were not formerly, I know. You did not use to like cards; but time makes many changes.'

'I am not yet so much changed,' cried Anne, and stopped, fearing she hardly knew what misconstruction. After waiting a few moments he said – and as if it were the result of immediate feeling – 'It is a period, indeed! Eight years and a half is a period!'

Whether he would have proceeded farther was left to Anne's imagination to ponder over in a calmer hour; for while still hearing the sounds he had uttered, she was startled to other subjects by Henrietta, eager to make use of the present leisure for getting out, and calling on her companions to lose no time, lest somebody else should come in.

They were obliged to move. Anne talked of being perfectly ready, and tried to look it; but she felt that could Henrietta have known the regret and reluctance of her heart in quitting that chair, in preparing

unsere Herzen über kurz oder lang verständigen. Wir sind keine Kinder mehr und lassen uns nicht von irgendwelchen Spitzfindigkeiten durcheinanderbringen. Wir fallen nicht auf jeden kleinen Fehler herein und setzen unser Glück nicht mutwillig aufs Spiel.» Und doch schien es ihr nur wenige Minuten später, als ob ihr Zusammensein hier, unter den derzeitigen Umständen, sie nur den übelsten Missverständnissen und Missdeutungen aussetzen konnte.

*

Captain Wentworth stand auf und ging zum Kamin hinüber, wohl in der Absicht, sich gleich darauf von dort wieder wegzubewegen und, ohne dass es allzusehr auffiel, eine Position in Annes Nähe zu beziehen.

«Sie sind noch nicht lange genug in Bath gewesen», sagte er, «um die Abendeinladungen hier genießen zu können.»

«Ach, nein! Was da üblicherweise stattfindet, ist nichts für mich. Ich spiele nicht gern Karten.»

«Ganz wie früher, ich weiß. Auch damals haben Sie nicht gern gespielt. Aber im Lauf der Zeit ändert sich vieles.»

«Ich habe mich nicht sehr verändert», rief Anne und hielt inne, aus Angst vor wer weiß welchem Missverständnis. Nach einer kleinen Pause sagte er – und es klang wie ein unmittelbarer Ausdruck seiner Gefühle –: «Das ist wirklich eine lange Zeit! Achteinhalb Jahre, das ist eine lange Zeit!»

Ob er weitergesprochen hätte, das konnte Anne sich später, wenn sie Muße hatte, in ihrer Phantasie ausmalen; während sie nämlich noch seiner Stimme nachlauschte, wurde sie von Henrietta abgelenkt, die die Gunst der ruhigen Stunde nutzen wollte, um auszugehen, und ihre Freunde zur Eile aufrief, bevor neuer Besuch einträfe.

Sie mussten ihre Plätze verlassen. Anne sagte, sie sei durchaus bereit, und gab sich Mühe, auch so auszusehen. Hätte jedoch Henrietta – so dachte sie – geahnt, mit welch innerem Bedauern und Widerstreben sie jenen Sessel verließ, um dann auch noch den Raum zu verlassen, sie hätte

to quit the room, she would have found, in all her own sensations for her cousin, in the very security of his affection, wherewith to pity her.

Their preparations, however, were stopped short. Alarming sounds were heard; other visitors approached, and the door was thrown open for Sir Walter and Miss Elliot, whose entrance seemed to give a general chill. Anne felt an instant oppression, and, wherever she looked, saw symptoms of the same. The comfort, the freedom, the gaiety of the room was over, hushed into cold composure, determined silence, or insipid talk, to meet the heartless elegance of her father and sister. How mortifying to feel that it was so!

Her jealous eye was satisfied in one particular. Captain Wentworth was acknowledged again by each, by Elizabeth more graciously than before. She even addressed him once, and looked at him more than once. Elizabeth was, in fact, revolving a great measure. The sequel explained it. After the waste of a few minutes in saying the proper nothings, she began to give the invitation which was to comprise all the remaining dues of the Musgroves. 'Tomorrow evening, to meet a few friends, no formal party.' It was all said very gracefully, and the cards with which she had provided herself, the 'Miss Elliot at home,' were laid on the table, with a courteous, comprehensive smile to all; and one smile and one card more decidedly for Captain Wentworth. The truth was, that Elizabeth had been long enough in Bath, to understand the importance of a man of such an air and appearance as his. The past was nothing. The present was that Captain Wentworth would move about well in her drawing-room. The card was pointedly given, and Sir Walter and Elizabeth arose and disappeared.

in ihren eigenen Gefühlen für den Cousin und gerade in der Gewissheit seiner Zuneigung Grund genug gefunden, sie zu bemitleiden.

Die Vorbereitungen wurden jedoch jäh unterbrochen. Man hörte verdächtige Geräusche: neue Gäste waren im Anzug, und tatsächlich wurde die Tür aufgerissen für Sir Walter und Miss Elliot, deren Ankunft eine frostige Atmosphäre verbreitete. Anne fühlte sich sofort bedrückt, und sah, dass es den anderen genauso erging. Die lockere Behaglichkeit, die Fröhlichkeit hier drinnen war dahin, sie verwandelte sich, als Antwort auf die seelenlose Eleganz von Vater und Schwester, in eine gedämpfte Stimmung, in kühle Zurückhaltung, bewusstes Schweigen oder oberflächliches Gerede. Wie es sie kränkte, dies zu erleben!

In einem Punkt allerdings erfuhr ihr kritischer Blick Genugtuung: Captain Wentworth wurde erneut von allen zur Kenntnis genommen, von Elizabeth sogar noch huldvoller als zuvor. Sie richtete sogar einmal das Wort an ihn und ließ mehr als einmal ihren Blick auf ihm ruhen. In der Tat änderte sie ihre Haltung um hundertachtzig Grad. Die Erklärung dafür folgte sogleich. Nachdem sie einige Minuten auf die üblichen nichtssagenden Floskeln verschwendet hatte, sprach sie ihre Einladung aus, die allen verbleibenden Verpflichtungen gegenüber den Musgroves Genüge tat. «Morgen abend, nur ein paar Freunde, keine förmliche Einladung.» Dies alles wurde formvollendet vorgebracht, und die Karten, die sie selbst besorgt hatte, «Miss Elliot gibt sich die Ehre», auf den Tisch gelegt, mit einem höflichen Lächeln, das alle einschloss; und mit einem Lächeln und einer Karte ganz speziell für Captain Wentworth. In Wahrheit war Elizabeth nun lange genug in Bath gewesen, um zu wissen, wie wichtig ein Mann von derart gewandtem Auftreten war. Die Vergangenheit zählte nicht. Für den Augenblick war von Bedeutung, dass Captain Wentworth in ihrem Salon eine gute Figur machen würde. Man reichte ihm die Karte mit großem Nachdruck, dann erhoben sich Sir Walter und Elizabeth und gingen.

The interruption had been short, though severe; and ease and animation returned to most of those they left, as the door shut them out, but not to Anne. She could think only of the invitation she had with such astonishment witnessed; and of the manner in which it had been received, a manner of doubtful meaning, of surprise rather than gratification, of polite acknowledgment rather than acceptance. She knew him; she saw disdain in his eye, and could not venture to believe that he had determined to accept such an offering, as atonement for all the insolence of the past. Her spirits sank. He held the card in his hand after they were gone, as if deeply considering it.

'Only think of Elizabeth's including everybody!' whispered Mary very audibly. 'I do not wonder Captain Wentworth is delighted! You see he cannot put the card out of his hand.'

Anne caught his eye, saw his cheeks glow, and his mouth form itself into a momentary expression of contempt, and turned away, that she might neither see nor hear more to vex her.

The party separated. The gentlemen had their own pursuits, the ladies proceeded on their own business, and they met no more while Anne belonged to them. She was earnestly begged to return and dine, and give them all the rest of the day; but her spirits had been so long exerted, that at present she felt unequal to more, and fit only for home, where she might be sure of being as silent as she chose.

Promising to be with them the whole of the following morning, therefore, she closed the fatigues of the present, by a toilsome walk to Camden-place; there to spend the evening chiefly in listening to the busy arrangements of Elizabeth and Mrs. Clay

Die Unterbrechung war, wenn auch einschneidend, so doch nur kurz gewesen. Nachdem die Tür hinter ihnen zugefallen war, erwachte bei denen, die zurückblieben, wieder die alte vergnügte Stimmung, nur in Anne nicht. Sie konnte immer nur an die höchst erstaunliche Einladung denken, deren Zeuge sie soeben gewesen war; und daran, wie sie entgegengenommen wurde – das war nicht eindeutig zu verstehen, sah eher nach Überraschung als nach Genugtuung aus, so als ob er sie eher mit Anstand über sich ergehen ließe als wirklich annehme. Sie kannte ihn ja; sie entdeckte Verachtung in seinem Blick und wagte nicht zu glauben, dass er wirklich entschlossen war, so ein Angebot als Wiedergutmachung für alle die Beleidigungen der Vergangenheit anzunehmen. Sie verlor den Mut. Auch nachdem sie gegangen waren, behielt er die Karte in der Hand, als ob er sie eingehend studiere.

«Stell dir vor, Elizabeth hat alle mit eingeladen!» flüsterte Mary ziemlich hörbar. «Es wundert mich nicht, dass Captain Wentworth ganz entzückt ist. Du siehst ja, er kann die Karte gar nicht aus der Hand legen.»

Anne suchte seinen Blick, sah, wie ihm die Röte ins Gesicht stieg und wie einen Augenblick lang ein Ausdruck der Verachtung um seinen Mund spielte. Sie wandte sich ab, um nicht länger sehen oder hören zu müssen, was sie quälte.

Die Gesellschaft löste sich auf. Die Herren kümmerten sich um ihre Angelegenheiten, die Damen hatten ihre eigenen Geschäfte zu erledigen. Und solange Anne dabei war, trafen sie nicht mehr zusammen. Man bat sie eindringlich, doch mit zurückzukommen, mit ihnen zu essen und auch den Rest des Tages in ihrer Gesellschaft zu verbringen. Sie war jedoch innerlich so erschöpft, dass sie sich dem nicht gewachsen fühlte und nur noch nach Hause wollte, wo sie so schweigsam sein konnte, wie es ihr beliebte.

Nachdem sie versprochen hatte, den ganzen folgenden Vormittag bei ihnen zu sein, beendete sie deshalb die Mühsal des Tages mit einem anstrengenden Fußmarsch nach Camden Place, um dort den Abend im wesentlichen damit zu verbrin-

for the morrow's party, the frequent enumeration of the persons invited, and the continually improving detail of all the embellishments which were to make it the most completely elegant of its kind in Bath, while harassing herself in secret with the never-ending question, of whether Captain Wentworth would come or not? They were reckoning him as certain, but, with her, it was a gnawing solicitude never appeased for five minutes together. She generally thought he would come, because she generally thought he ought; but it was a case which she could not so shape into any positive act of duty or discretion, as inevitably to defy the suggestions of very opposite feelings.

*

She had promised to be with the Musgroves from breakfast to dinner. …

She could not keep her appointment punctually, however; the weather was unfavourable, and she had grieved over the rain on her friends' account, and felt it very much on her own, before she was able to attempt the walk. When she reached the White Hart, and made her way to the proper apartment, she found herself neither arriving quite in time, nor the first to arrive. The party before her were Mrs. Musgrove, talking to Mrs. Croft, and Captain Harville to Captain Wentworth, and she immediately heard that Mary and Henrietta, too impatient to wait, had gone out the moment it had cleared, but would be back again soon, and that the strictest injunctions had been left with Mrs. Musgrove, to keep her there till they returned. She had only to submit, sit down, be outwardly composed, and feel herself plunged at once in all the agitations which she had merely laid her account of tasting a little before the morning closed.

gen, den geschäftigen Vorbereitungen zuzuhören, die Elizabeth und Mrs. Clay für den nächsten Abend trafen. Dabei wurden immer wieder die eingeladenen Personen aufgezählt und ständig neue Verschönerungsmaßnahmen entworfen, die die Einladung zur vornehmsten ihrer Art in Bath machen sollten. Währenddessen quälte sie sich heimlich und unablässig mit der Frage, ob nun Captain Wentworth kommen würde oder nicht. Sie rechneten ganz sicher mit ihm, Anne spürte jedoch eine nagende Unruhe in sich, die sich nicht einmal für kurze Zeit legte. Grundsätzlich glaubte sie schon, er würde kommen, weil es sich eigentlich so gehörte; aber sie konnte in diesem Fall Pflicht oder Ermessen nicht in der nötigen Klarheit ermitteln, dass sie sich nicht auch das genaue Gegenteil hätte vorstellen können.

*

Sie hatte den Musgroves vesprochen, vom Frühstück bis zum Dinner bei ihnen zu bleiben. …

Allerdings konnte sie ihre Verabredung nicht pünktlich einhalten. Das Wetter war sehr ungünstig, und sie grämte sich über den Regen nicht nur wegen ihrer Freunde, sondern auch um ihrer selbst willen, bevor sie endlich den Weg antreten konnte. Als sie den Weißen Hirschen erreichte und in den entsprechenden Räumen eintraf, stellte sich heraus, dass sie weder rechtzeitig noch als erste gekommen war. Es waren hier bereits versammelt Mrs. Musgrove im Gespräch mit Mrs. Croft und Captain Harville im Gespräch mit Captain Wentworth. Sie erfuhr sogleich, dass Mary und Henrietta keine Lust gehabt hatten zu warten, und, sobald es aufklarte, ausgegangen waren, aber bald zurück sein würden, und dass man Mrs. Musgrove eingeschärft hatte, sie nicht gehen zu lassen, bis sie wieder da waren. Ihr blieb nichts anderes übrig, als sich zu fügen, sich zu setzen, nach außen hin Fassung zu bewahren, innerlich aber sofort wieder mitten in den Strudel der Gefühle zu stürzen, von denen sie an diesem Vormittag eigentlich nur eine kleine Kostprobe erwartet hatte. Es gab

There was no delay, no waste of time. She was deep in the happiness of such misery, or the misery of such happiness, instantly. Two minutes after her entering the room, Captain Wentworth said,

'We will write the letter we were talking of, Harville, now, if you will give me materials.'

Materials were all at hand, on a separate table; he went to it, and nearly turning his back on them all, was engrossed by writing.

Mrs. Musgrove was giving Mrs. Croft the history of her eldest daughter's engagement, and just in that inconvenient tone of voice which was perfectly audible while it pretended to be a whisper. Anne felt that she did not belong to the conversation, and yet, as Captain Harville seemed thoughtful and not disposed to talk, she could not avoid hearing many undesirable particulars, such as 'how Mr. Musgrove and my brother Hayter had met again and again to talk it over; what my brother Hayter had said one day, and what Mr. Musgrove had proposed the next, and what had occurred to my sister Hayter, and what the young people had wished, and what I said at first I never could consent to, but was afterwards persuaded to think might do very well,' and a great deal in the same style of open-hearted communication – minutiæ which, even with every advantage of taste and delicacy which good Mrs. Musgrove could not give, could be properly interesting only to the principals. Mrs. Croft was attending with great good humour, and whenever she spoke at all, it was very sensibly. Anne hoped the gentlemen might each be too much self-occupied to hear.

'And so, ma'am, all these things considered,' said Mrs. Musgrove in her powerful whisper, 'though we could have wished it different, yet altogether we did not think it fair to stand out any longer; for Charles

keinen Aufschub, keine Zeitverschwendung. Sofort war sie im Glück dieses Unglücks versunken, oder im Unglück dieses Glücks. Zwei Minuten nach ihrem Eintreffen sagte Captain Wentworth:

«Jetzt schreiben wir den Brief, Harville, wie wir ausgemacht haben, wenn du mir Schreibzeug gibst.»

Das Schreibzeug lag auf einem eigenen Tisch bereit. Er begab sich dorthin und vertiefte sich ins Schreiben. Dabei kehrte er ihnen allen mehr oder weniger den Rücken zu.

Mrs. Musgrove erzählte Mrs. Croft die ganze Geschichte von der Verlobung ihrer Tochter, in eben der aufdringlichen Stimmlage, die ein Flüstern sein sollte, aber doch sehr gut zu verstehen war. Anne fühlte sich nicht in das Gespräch einbezogen, konnte aber, da Captain Harville in Gedanken und wenig gesprächig schien, nicht umhin, mehr Einzelheiten zu hören, als ihr lieb war, etwa «wie Mr. Musgrove und mein Bruder Hayter sich noch einmal getroffen und alles durchgesprochen haben; und was mein Bruder Hayter an dem einen Tag gemeint und Mr. Musgrove am nächsten Tag vorgeschlagen hat, und was dann meiner Schwester Hayter passiert ist und was die jungen Leute eigentlich gewollt haben und wo ich anfangs gesagt habe, damit bin ich auf keinen Fall einverstanden, und mich nachher doch habe überzeugen lassen, dass es auch so geht», und noch viel mehr in dieser Art offenherzigen Austauschs, Einzelheiten, die selbst unter Aufbietung all des guten Geschmacks und des Einfühlungsvermögens, die der guten Mrs. Musgrove nicht zur Verfügung standen, doch nur für die Beteiligten selbst von Interesse sein konnten. Mrs. Croft hörte in bester Laune zu und äußerte sich ziemlich vernünftig, wenn sie überhaupt etwas sagte. Anne hoffte, dass die Herren zu sehr mit sich selbst beschäftigt waren, um mitzuhören.

«Wenn man also alles zusammen nimmt, Madam», sagte Mrs. Musgrove in ihrem lautstarken Flüsterton, «hielten wir es, auch wenn wir es vielleicht gern anders gehabt hätten, doch nicht für fair, noch länger zu warten. Charles Hayter

Hayter was quite wild about it, and Henrietta was pretty near as bad; and so we thought they had better marry at once, and make the best of it, as many others have done before them. At any rate, said I, it will be better than a long engagement.'

'That is precisely what I was going to observe,' cried Mrs. Croft. 'I would rather have young people settle on a small income at once, and have to struggle with a few difficulties together, than be involved in a long engagement. I always think that no mutual –'

'Oh! dear Mrs. Croft,' cried Mrs. Musgrove, unable to let her finish her speech, 'there is nothing I so abominate for young people as a long engagement. It is what I always protested against for my children. It is all very well, I used to say, for young people to be engaged, if there is a certainty of their being able to marry in six months, or even in twelve, but a long engagement!'

'Yes, dear ma'am,' said Mrs. Croft, 'or an uncertain engagement; an engagement which may be long. To begin without knowing that at such a time there will be the means of marrying, I hold to be very unsafe and unwise, and what, I think, all parents should prevent as far as they can.'

Anne found an unexpected interest here. She felt its application to herself, felt it in a nervous thrill all over her, and at the same moment that her eyes instinctively glanced towards the distant table, Captain Wentworth's pen ceased to move, his head was raised, pausing, listening, and he turned round the next instant to give a look – one quick, conscious look at her.

The two ladies continued to talk, to re-urge the same admitted truths, and enforce them with such examples of the ill effect of a contrary practice, as

war nämlich ganz wild darauf, und bei Henrietta war es fast genauso schlimm. So hielten wir es für besser, sie heiraten gleich und machen das Beste daraus, wie so viele andere vor ihnen. Das ist auf jeden Fall besser, habe ich gesagt, als eine lange Verlobungszeit.»

«Das wollte ich auch gerade sagen», rief Mrs. Croft. «Ich finde es viel besser, wenn junge Leute sich gleich häuslich einrichten, und sei es mit einem bescheidenen Einkommen, und dann gemeinsam mit ein paar Schwierigkeiten fertigwerden, als sich auf eine lange Verlobungszeit einzulassen. Ich sage immer, keine gegenseitige ...»

«Oh! Meine liebe Mrs. Croft», rief Mrs. Musgrove aus, außerstande, sie ausreden zu lassen, «nichts verabscheue ich so sehr bei jungen Leuten wie eine lange Verlobungszeit. Das habe ich gerade bei meinen Kindern nie gewollt. Es ist ja gut und schön, habe ich immer gesagt, dass junge Leute sich verloben, wenn die Aussicht besteht, dass sie in einem halben Jahr oder von mir aus auch in einem ganzen, heiraten können. Aber eine lange Verlobungszeit!»

«Ja, meine Liebe», sagte Mrs. Croft, «oder auch eine Verlobung, bei der man nicht weiß, ob sie sich nicht doch in die Länge zieht. Sich darauf einzulassen, ohne zu wissen, dass in absehbarer Zeit die Mittel zum Heiraten vorhanden sind, das halte ich für sehr unsicher und unklug; so etwas sollten meiner Meinung nach alle Eltern nach Möglichkeit unterbinden.»

Anne fühlte sich hier ganz unerwartet angesprochen. Sie spürte, dass das sie selbst betraf, spürte es als einen Schauer durch und durch, und im gleichen Augenblick, als sie unwillkürlich zu dem entfernt stehenden Tisch hinüberschaute, hielt Captain Wentworths Feder inne, er hob den Kopf, wartete, horchte und wandte sich im nächsten Augenblick zu ihr, um ihr einen Blick zuzuwerfen – einen kurzen, bedeutungsvollen Blick.

Die zwei Damen sprachen weiter, um sich immer die gleichen schon längst festgestellten Wahrheiten noch einmal zu bestätigen und sie mit Fallbeispielen zu belegen, die sie selbst

had fallen within their observation, but Anne heard nothing distinctly; it was only a buzz of words in her ear, her mind was in confusion.

Captain Harville, who had in truth been hearing none of it, now left his seat, and moved to a window; and Anne seeming to watch him, though it was from thorough absence of mind, became gradually sensible that he was inviting her to join him where he stood. He looked at her with a smile, and a little motion of the head, which expressed, 'Come to me, I have something to say; and the unaffected, easy kindness of manner which denoted the feelings of an older acquaintance than he really was, strongly enforced the invitation. She roused herself and went to him. The window at which he stood, was at the other end of the room from where the two ladies were sitting, and though nearer to Captain Wentworth's table, not very near. As she joined him, Captain Harville's countenance reassumed the serious, thoughtful expression which seemed its natural character.

'Look here,' said he, unfolding a parcel in his hand, and displaying a small miniature painting, 'do you know who that is?'

'Certainly, Captain Benwick.'

'Yes, and you may guess who it is for. But (in a deep tone) it was not done for her. Miss Elliot, do you remember our walking together at Lyme, and grieving for him? I little thought then – but no matter. This was drawn at the Cape. He met with a clever young German artist at the Cape, and in compliance with a promise to my poor sister, sat to him, and was bringing it home for her. And I have now the charge of getting it properly set for another! It was a commission to me! But who else was there to employ? I hope I can allow for him. I am not sorry, indeed, to make it over to another. He under-

erlebt hatten, wo falsches Vorgehen sich zum Nachteil ausgewirkt hatte, aber Anne hörte dies alles nur verschwommen, wie ein Wortgesumm im Ohr; in ihrem Kopf herrschte völlige Verwirrung.

Captain Harville, der tatsächlich überhaupt nichts mitbekommen hatte, stand nun auf und ging zum Fenster. In ihrer Geistesabwesenheit wirkte Anne so, als ob sie ihn ansehe, und erst allmählich merkte sie, dass er sie einlud, zu ihm zu treten. Er sah sie mit einem Lächeln an und bedeutete ihr mit einer kleinen Kopfbewegung: «Kommen Sie, ich möchte Ihnen etwas sagen», und seine ungezwungene Freundlichkeit, die eigentlich eine längere Bekanntschaft voraussetzte, als tatsächlich der Fall war, gab der Einladung zusätzliches Gewicht. Sie erhob sich und trat zu ihm. Das Fenster, an dem er stand, war von den beiden Damen aus gesehen am anderen Ende des Raumes, und näher, wenn auch nicht allzu nah, an Captain Wentworths Tisch. Als sie sich zu ihm stellte, nahm Captain Harvilles Gesicht wieder den ernsten, nachdenklichen Ausdruck an, der seinem Wesen entsprach.

«Sehen Sie her», sagte er, öffnete ein Päckchen, das er in der Hand hielt, und enthüllte ein kleines Miniaturgemälde, «wissen Sie, wer das ist?»

«Aber gewiss, das ist Captain Benwick.»

«Natürlich, und Sie können sich denken, für wen es bestimmt ist. Aber», mit bewegter Stimme, «es wurde nicht für sie gemalt. Miss Elliot, wissen Sie noch, wie wir in Lyme zusammen spazierengingen, voller Mitgefühl mit ihm? Ich hätte damals nie gedacht … aber das tut nichts zur Sache. Dieses hier wurde am Kap gemalt. Er traf dort am Kap einen geschickten jungen deutschen Künstler, und da er es meiner armen Schwester versprochen hatte, ließ er sich malen und brachte das Bild mit nach Hause, für sie. Und ich habe jetzt die Pflicht, es für eine andere rahmen zu lassen! Es war ein Auftrag an mich! Aber wen sonst hätte man damit betrauen können? Ich hoffe, ich bringe genug Verständnis für ihn auf. Es tut mir aber keineswegs leid, den Auftrag weiterzugeben. Er hat ihn

takes it – (looking towards Captain Wentworth) he is writing about it now.' And with a quivering lip he wound up the whole by adding, 'Poor Fanny! she would not have forgotten him so soon!'

'No,' replied Anne, in a low feeling voice. 'That I can easily believe.'

'It was not in her nature. She doted on him.'

'It would not be the nature of any woman who truly loved.'

Captain Harville smiled, as much as to say, 'Do you claim that for your sex?' and she answered the question, smiling also, 'Yes. We certainly do not forget you, so soon as you forget us. It is, perhaps, our fate rather than our merit. We cannot help ourselves. We live at home, quiet, confined, and our feelings prey upon us. You are forced on exertion. You have always a profession, pursuits, business of some sort or other, to take you back into the world immediately, and continual occupation and change soon weaken impressions.'

'Granting your assertion that the world does all this so soon for men, (which, however, I do not think I shall grant) it does not apply to Benwick. He has not been forced upon any exertion. The peace turned him on shore at the very moment, and he has been living with us, in our little family-circle, ever since.'

'True,' said Anne, 'very true; I did not recollect; but what shall we say now, Captain Harville? If the change be not from outward circumstances, it must be from within; it must be nature, man's nature, which has done the business for Captain Benwick.'

'No, no, it is not man's nature. I will not allow it to be more man's nature than woman's to be inconstant and forget those they do love, or have loved. I believe the reverse. I believe in a true analogy be-

übernommen», mit einem Blick auf Captain Wentworth, «er schreibt gerade in dieser Sache.» Und mit bebenden Lippen schloss er seinen Bericht, indem er hinzufügte: «Arme Fanny! Sie hätte ihn nicht so schnell vergessen!»

«Nein», antwortete Anne, mit Mitgefühl in der Stimme, «das glaube ich wohl.»

«Das lag nicht in ihrer Natur. Er war ihr Ein und Alles.»

«Das würde in der Natur keiner Frau liegen, die wirklich Liebe empfindet.»

Captain Harville lächelte, als wolle er sagen: «Nehmen Sie das für Ihr Geschlecht in Anspruch?» und sie antwortete, ebenfalls lächelnd: «Ja. Wir vergessen Sie bestimmt nicht so schnell, wie Sie uns vergessen. Das ist vielleicht eher Schicksal als Verdienst. Wir können nicht anders. Wir leben zu Hause in stiller Beschränkung, ein Opfer unserer Gefühle. Von Ihnen wird Einsatz verlangt. Sie haben immer einen Beruf, Ziele, Geschäfte irgendwelcher Art zu erledigen, was Sie gleich wieder in die Welt hinaus zieht. Ständige Beschäftigung und Veränderung lassen die Eindrücke bald schwächer werden.»

«Einmal angenommen, Ihre Behauptung stimmt, dass die Welt dies alles so schnell bei den Männern bewirkt (was ich aber eigentlich nicht zugestehen will), dann trifft das jedenfalls nicht für Benwick zu. Von ihm wurde kein Einsatz verlangt. Es war genau der Zeitpunkt, als der Frieden ihn aufs Festland brachte, und seitdem lebt er bei uns im kleinen Familienkreis.»

«Richtig», sagte Anne, «sehr richtig, das hatte ich vergessen. Aber was sollen wir jetzt sagen, Captain Harville? Wenn der Wandel nicht durch äußere Umstände kam, dann muss er von innen gekommen sein. Es muss die Natur sein, die Natur des Mannes, die dies bei Captain Benwick bewirkt hat.»

«Nein, nein, das ist nicht die Natur des Mannes. Ich räume keinesfalls ein, dass es eher in der Natur des Mannes als der Frau liegt, wankelmütig zu sein und diejenigen zu vergessen, die sie lieben oder geliebt haben. Ich glaube eher das Gegenteil. Ich glaube an eine echte Entsprechung zwischen unserer

tween our bodily frames and our mental; and that as our bodies are the strongest, so are our feelings; capable of bearing most rough usage, and riding out the heaviest weather.'

'Your feelings my be the strongest,' replied Anne, 'but the same spirit of analogy will authorise me to assert that ours are the most tender. Man is more robust than woman, but he is not longer-lived; which exactly explains my view of the nature of their attachments. Nay, it would be too hard upon you, if it were otherwise. You have difficulties, and privations, and dangers enough to struggle with. You are always labouring and toiling, exposed to every risk and hardship. Your home, country, friends, all quitted. Neither time, nor health, nor life, to be called your own. It would be too hard indeed' (with a faltering voice) 'if woman's feelings were to be added to all this.'

'We shall never agree upon this question' – Captain Harville was beginning to say, when a slight noise called their attention to Captain Wentworth's hitherto perfectly quiet division of the room. It was nothing more than that his pen had fallen down, but Anne was startled at finding him nearer than she supposed, and half inclined to suspect that the pen had only fallen, because he had been occupied by them, striving to catch sounds, which yet she did not think he could have caught.

'Have you finished your letter?' said Captain Harville.

'Not quite, a few lines more. I shall have done in five minutes.'

'There is no hurry on my side. I am only ready whenever you are. – I am in very good anchorage here,' (smiling at Anne) 'well supplied, and want for nothing. – No hurry for a signal at all. – Well, Miss

körperlichen und unserer seelischen Gestalt. Und da wir die stärkeren Körper haben, so haben wir auch die stärkeren Gefühle; sie ertragen die unsanfteste Behandlung und halten das rauheste Wetter aus.»

«Vielleicht haben Sie die stärkeren Gefühle», entgegnete Anne, «aber wenn wir schon Entsprechungen bemühen, dann darf ich auch behaupten, dass unsere die zarteren sind. Der Mann ist kräftiger als die Frau, aber er lebt nicht länger, was genau meine Ansicht über das Wesen ihrer Gefühlsbindungen belegt. Nein, Sie wären wirklich schlecht dran, wenn es anders wäre. Sie haben schon ohnehin mit genügend Schwierigkeiten, Entbehrungen, Gefahren zu kämpfen. Unter ständiger Mühe und Plage sind Sie jeder Härte und Gefahr ausgesetzt. Ihr Zuhause, das Land, die Freunde, alles müssen Sie verlassen. Ihnen gehört weder die eigene Zeit, die Gesundheit, noch das eigene Leben. Es wäre wirklich allzu hart,» mit zitternder Stimme, «wenn da noch die Gefühle einer Frau dazukämen.»

«Wir werden uns in dieser Frage niemals einigen», begann Captain Harville, als ein leichtes Geräusch ihre Aufmerksamkeit auf die bisher vollkommen stille Ecke lenkte, wo Captain Wentworth saß. Es war lediglich seine Feder hinuntergefallen, aber Anne stellte mit Überraschung fest, dass er näher saß als sie dachte, und sie war geneigt, zu vermuten, dass er die Feder nur deshalb hatte fallen lassen, weil er sich ihnen gewidmet hatte und etwas verstehen wollte von dem, was sie sagten, was ihm aber wohl nicht gelungen war.

«Sind Sie fertig mit dem Brief?» fragte Captain Harville.

«Nicht ganz, ein paar Zeilen noch. In fünf Minuten ist die Sache erledigt.»

«Von meiner Seite gibt es keinen Grund zur Eile. Ich bin dann bereit, wenn Sie es sind – ich liege hier sehr gut vor Anker», mit einem Lächeln in Annes Richtung, «bin bestens versorgt und habe alles, was ich brauche. – Es eilt nicht mit dem Signal zum Aufbruch. – Nun, Miss Elliot», indem er die Stimme senkte, «wie gesagt, wir werden uns in diesem Punkt

Elliot,' (lowering his voice) 'as I was saying, we shall never agree I suppose upon this point. No man and woman would, probably. But let me observe that all histories are against you, all stories, prose and verse. If I had such a memory as Benwick, I could bring you fifty quotations in a moment on my side the argument, and I do not think I ever opened a book in my life which had not something to say upon woman's inconstancy. Songs and proverbs, all talk of woman's fickleness. But perhaps you will say, these were all written by men.'

'Perhaps I shall. – Yes, yes, if you please, no reference to examples in books. Men have had every advantage of us in telling their own story. Education has been theirs in so much higher a degree; the pen has been in their hands. I will not allow books to prove anything.'

'But how shall we prove anything?'

'We never shall. We never can expect to prove anything upon such a point. It is a difference of opinion which does not admit of proof. We each begin probably with a little bias towards our own sex, and upon that bias build every circumstance in favour of it which has occurred within our own circle; many of which circumstances (perhaps those very cases which strike us the most) may be precisely such as cannot be brought forward without betraying a confidence, or in some respect saying what should not be said.'

'Ah!' cried Captain Harville, in a tone of strong feeling, 'if I could but make you comprehend what a man suffers when he takes a last look at his wife and children, and watches the boat that he has sent them off in, as long as it is in sight, and then turns away and says, "God knows whether we ever meet again!" And then, if I could convey to you the glow of his soul when he does see them again; when, com-

niemals einigen. Wahrscheinlich ist das zwischen Männern und Frauen gar nicht möglich. Aber lassen Sie mich anmerken, dass alle historischen Berichte, alle Erzählungen in Prosa und in Vers gegen Sie sprechen. Hätte ich ein so gutes Gedächtnis wie Benwick, dann könnte ich Ihnen auf der Stelle fünfzig Zitate anführen als Beleg für meine Argumentation, und meines Wissens habe ich in meinem ganzen Leben noch kein Buch aufgeschlagen, in dem nicht irgendetwas über die Wankelmütigkeit der Frauen stand. Lieder und Sprichwörter, alle handeln von der Unbeständigkeit der Frau. Aber Sie werden wahrscheinlich sagen, dies wurde alles von Männern geschrieben.»

«Das kann schon sein. – Ja, ja, wenn ich bitten darf, beziehen Sie sich nicht auf Beispiele in Büchern. Die Männer haben uns gegenüber den großen Vorteil, dass sie ihre eigene Geschichte erzählen konnten. Sie konnten sich so viel besser der Bildung bedienen, die Feder war immer in ihrer Hand. Ich lasse nicht zu, dass Bücher hier als Beweis dienen.»

«Aber wie sollen wir denn dann irgendetwas beweisen?»

«Das wird uns nie gelingen. Bei einem solchen Thema können wir keine Beweise erwarten. Die Anschauungen sind so unterschiedlich, dass sich gar nichts beweisen lässt. Wir sind wohl von Anfang an etwas voreingenommen zugunsten unseres eigenen Geschlechts und sehen dies bestätigt durch jede Erfahrung aus unserem Umkreis, die sie bestärkt. Viele dieser Erfahrungen (vielleicht gerade die Fälle, die uns am meisten betreffen) können solche sein, die man nicht anführen kann, ohne einen Vertrauensbruch zu begehen oder ohne in bestimmter Hinsicht etwas zu sagen, was man nicht sagen sollte.»

«Ach», rief Captain Harville, mit viel Gefühl in der Stimme, «wenn ich Ihnen nur verständlich machen könnte, wie ein Mann leidet, wenn er Frau und Kinder zum letzten Mal sieht, und wenn er dem Boot, mit dem er sie weggeschickt hat, nachschaut, bis es verschwindet, und sich dann umdreht und sagt, ‹Gott weiß, ob wir uns jemals wiedersehen!› Und wenn ich Ihnen nur begreiflich machen könnte, wie seine Seele glüht, wenn er sie wiedersieht; wenn er nach vielleicht einjähriger

ing back after a twelvemonth's absence perhaps, and obliged to put into another port, he calculates how soon it be possible to get them there, pretending to deceive himself, and saying, "They cannot be here till such a day," but all the while hoping for them twelve hours sooner, and seeing them arrive at last, as if Heaven had given them wings, by many hours sooner still! If I could explain to you all this, and all that a man can bear and do, and glories to do for the sake of these treasures of his existence! I speak, you know, only of such men as have hearts!' pressing his own with emotion.

'Oh!' cried Anne eagerly, 'I hope I do justice to all that is felt by you, and by those who resemble you. God forbid that I should undervalue the warm and faithful feelings of any of my fellow-creatures. I should deserve utter contempt if I dared to suppose that true attachment and constancy were known only by woman. No, I believe you capable of everything great and good in your married lives. I believe you equal to every important exertion, and to every domestic forbearance, so long as – if I may be allowed the expression, so long as you have an object. I mean, while the woman you love lives, and lives for you. All the privilege I claim for my own sex (it is not a very enviable one, you need not covet it) is that of loving longest, when existence or when hope is gone.'

She could not immediately have uttered another sentence; her heart was too full, her breath too much oppressed.

'You are a good soul,' cried Captain Harville, putting his hand on her arm quite affectionately. 'There is no quarrelling with you. – And when I think of Benwick, my tongue is tied.'

Their attention was called towards the others. – Mrs. Croft was taking leave.

Abwesenheit zurückkommt und einen anderen Hafen anlaufen muss, wie er dann Berechnungen anstellt, wie schnell man sie wohl herbringen könnte, wie er dann versucht, sich selbst zu betrügen und sagt, ‹vor dem und dem Tag können sie nicht hier sein›, und sie doch die ganze Zeit schon einen Tag früher herbeisehnt, und wenn er sie dann endlich ankommen sieht, noch einige Stunden früher, als ob der Himmel ihnen Flügel gegeben hättte! Wenn ich Ihnen das alles nur erklären könnte, und alles, was ein Mann ertragen und leisten kann und mit Freuden leistet für diesen größten Schatz seines Lebens! Ich meine natürlich nur Männer, die ein Herz besitzen!» sagte er voller Erregung, die Hand auf dem seinen.

«Oh!» rief Anne voller Eifer, «ich lasse hoffentlich Ihren Gefühlen Gerechtigkeit widerfahren, und all denen, die so empfinden wie Sie. Möge Gott verhüten, dass ich die warmen, treuen Gefühle irgendeines Mitmenschen nicht hoch genug schätze. Ich würde vollkommene Verachtung verdienen, wollte ich unterstellen, nur die Frau kenne wahre Zuneigung und Treue. Nein, ich bin überzeugt, dass Sie, wenn Sie verheiratet sind, zu allem, was groß und edel ist, in der Lage sind. Ich glaube, dass Sie allem gewachsen sind, was an Mühe und Nachsicht zu Hause wichtig ist, solange Sie – gestatten Sie mir den Ausdruck – ein Objekt haben. Ich will sagen, solange die Frau, die Sie lieben, lebt, und für Sie lebt. Das einzige Privileg, das ich für mein Geschlecht beanspruche (es ist kein besonders begehrenswertes, Sie müssen deshalb nicht neidisch sein), ist das, dass wir am längsten lieben, auch dann, wenn der andere nicht mehr lebt oder auch die Hoffnung dahin ist.»

Sie hätte jetzt keinen weiteren Satz mehr herausgebracht; das Herz war übervoll, der Atem abgeschnürt.

«Sie sind eine gute Seele!» rief Captain Harville und legte ihr voller Zuneigung die Hand auf den Arm. «Mit Ihnen kann man nicht streiten. Und wenn ich an Benwick denke, dann bringe ich keinen Ton heraus.»

Nun erforderten die anderen ihre Aufmerksamkeit. Mrs. Croft verabschiedete sich.

'Here, Frederick, you and I part company, I believe,' said she. 'I am going home, and you have an engagement with your friend. – Tonight we may have the pleasure of all meeting again, at our party,' (turning to Anne.) 'We had your sister's card yesterday, and I understood Frederick had a card too, though I did not see it – and you are disengaged, Frederick, are you not, as well as ourselves?'

Captain Wentworth was folding up a letter in great haste, and either could not or would not answer fully.

'Yes,' said he, 'very true; here we separate, but Harville and I shall soon be after you, that is, Harville, if you are ready, I am in half a minute. I know you will not be sorry to be off. I shall be at your service in half a minute.'

Mrs. Croft left them, and Captain Wentworth, having sealed his letter with great rapidity, was indeed ready, and had even a hurried, agitated air, which showed impatience to be gone. Anne knew not how to understand it. She had the kindest 'Good morning, God bless you,' from Captain Harville, but from him not a word, nor a look. He had passed out of the room without a look!

She had only time, however, to move closer to the table where he had been writing, when footsteps were heard returning; the door opened; it was himself. He begged their pardon, but he had forgotten his gloves, and instantly crossing the room to the writing table, and standing with his back towards Mrs. Musgrove, he drew out a letter from under the scattered paper, placed it before Anne with eyes of glowing entreaty fixed on her for a moment, and hastily collecting his gloves, was again out of the room, almost before Mrs. Musgrove was aware of his being in it – the work of an instant!

«Hier, Frederick, trennen sich wohl unsere Wege», sagte sie. «Ich gehe nach Hause, und Du bist mit Deinem Freund verabredet. Vielleicht haben wir heute abend das Vergnügen, uns wieder zu sehen, bei Ihrer Einladung», indem sie sich an Anne wandte, «wir erhielten gestern die Karte Ihrer Schwester, und Frederick hat auch eine erhalten, wie ich höre, obwohl ich sie nicht gesehen habe – und so wie wir hast Du nichts anderes vor, Frederick, nicht wahr?»

Captain Wentworth faltete gerade in großer Eile einen Brief zusammen und wollte oder konnte keine richtige Antwort geben.

«Jawohl», sagte er, «ganz recht; wir gehen jetzt verschiedene Wege, aber Harville und ich kommen Dir bald nach, das heißt, falls Sie fertig sind, Harville, ich brauche noch eine halbe Minute. Ich weiß, Sie sind ganz froh, jetzt aufzubrechen. Ich stehe Ihnen in einer halben Minute zur Verfügung.»

Mrs. Croft ging, und Captain Wentworth, der seinen Brief mit großer Geschwindigkeit versiegelt hatte, stand tatsächlich bereit und hatte sogar etwas Gehetztes, Getriebenes an sich, das zeigte, er konnte es gar nicht erwarten, endlich fort zu sein. Anne wusste dies nicht zu deuten. Sie erhielt das freundlichste «Einen schönen Morgen noch, Gott schütze Sie» von Captain Harville, aber kein Wort, keinen Blick von ihm. Er hatte ohne einen Blick das Zimmer verlassen!

Allerdings konnte sie sich gerade nur etwas dem Tisch nähern, an dem er geschrieben hatte, als man auch schon Schritte zurückkommen hörte; die Tür ging auf, er war es selbst. Er bat um Verzeihung, er hatte seine Handschuhe vergessen. Er schritt rasch durch den Raum zu dem Schreibtisch, zog, mit dem Rücken zu Mrs. Musgrove, unter dem herumliegenden Papier einen Brief heraus und legte ihn vor Anne hin, wobei er einen kurzen glühenden Blick voll flehender Eindringlichkeit auf sie heftete, nahm dann rasch seine Handschuhe und war schon wieder aus dem Zimmer, bevor noch Mrs. Musgrove überhaupt bemerkt hatte, dass er drin gewesen war – die Tat eines Augenblicks!

The revolution which one instant had made in Anne, was almost beyond expression. The letter, with a direction hardly legible, to 'Miss A. E. –.' was evidently the one which he had been folding so hastily. While supposed to be writing only to Captain Benwick, he had been also addressing her! On the contents of that letter depended all which this world could do for her! Anything was possible, anything might be defied rather than suspense. Mrs. Musgrove had little arrangements of her own at her own table; to their protection she must trust, and sinking into the chair which he had occupied, succeeding to the very spot where he had leaned and written, her eyes devoured the following words:

I can listen no longer in silence. I must speak to you by such means as are within my reach. You pierce my soul. I am half agony, half hope. Tell me not that I am too late, that such precious feelings are gone for ever. I offer myself to you again with a heart even more your own, than when you almost broke it eight years and a half ago. Dare not say that man forgets sooner than woman, that his love has an earlier death. I have loved none but you. Unjust I may have been, weak and resentful I have been, but never inconstant. You alone have brought me to Bath. For you alone I think and plan. – Have you not seen this? Can you fail to have understood my wishes? – I had not waited even these ten days, could I have read your feelings, as I think you must have penetrated mine. I can hardly write. I am every instant hearing something which overpowers me. You sink your voice, but I can distinguish the tones of that voice, when they would be lost on others. – Too good, too excellent creature! You do us justice indeed. You do

Unbeschreiblich, wie dieser eine Augenblick für Anne alles von Grund auf veränderte. Der Brief – mit kaum lesbarer Adresse, an «Miss. A. E.–» war offenbar der, den er so hastig zusammengefaltet hatte. Während er angeblich an Captain Benwick schrieb, hatte er sich auch an sie gewandt! Vom Inhalt dieses Briefes hing alles ab, was sie von dieser Welt erhoffen konnte. Alles war möglich, alles war leichter zu ertragen als die Ungewissheit. Mrs. Musgrove war an ihrem eigenen Tisch mit irgendwelchen kleinen Verrichtungen beschäftigt; auf deren schützende Wirkung musste sie nun vertrauen. Indem sie in den Sessel sank, wo er gesessen hatte, den gleichen Platz einnahm, wo er über den Tisch gebeugt geschrieben hatte, verschlangen ihre Augen die folgenden Worte:

Ich kann nicht länger schweigend zuhören. Ich muss mit Ihnen sprechen, mit den Mitteln, die mir zur Verfügung stehen. Sie durchbohren meine Seele. Halb erfüllt mich Qual, halb Hoffnung. Sagen Sie mir nicht, dass ich zu spät komme, dass jene kostbaren Gefühle für immer dahin sind. Ich biete mich Ihnen von neuem dar mit einem Herzen, das noch gänzlicher das Ihre ist als damals vor achteinhalb Jahren, wo Sie es fast gebrochen haben. Sagen Sie niemals, dass ein Mann eher vergisst als eine Frau, dass seine Liebe früher stirbt. Ich habe nie eine andere als Sie geliebt. Ich mag ungerecht gewesen sein, ich war schwach und nachtragend, aber niemals wankelmütig. Nur Ihretwegen bin ich nach Bath gekommen. Um Sie allein kreisen meine Gedanken und Pläne. – Haben Sie das nicht gesehen? Kann es sein, dass Sie meine Wünsche nicht verstanden haben? – Ich hätte niemals diese zehn Tage gewartet, hätte ich Ihre Gefühle so klar erkannt, wie Sie, so denke ich, die meinen durchschaut haben müssen. Ich bin kaum in der Lage zu schreiben. Jeden Augenblick höre ich etwas, das mich überwältigt. Sie senken Ihre Stimme, aber ich kann die Laute dieser Stimme unterscheiden, wo andere nichts verstehen könnten. – Viel zu gutes, viel zu vollkommenes Wesen! Sie lassen uns wahrhaftig Gerechtigkeit widerfahren. Sie glauben,

believe that there is true attachment and constancy among men. Believe it to be most fervent, most undeviating in F. W.

I must go, uncertain of my fate; but I shall return hither, or follow your party, as soon as possible. A word, a look will be enough to decide whether I enter your father's house this evening or never.

Such a letter was not to be soon recovered from. Half an hour's solitude and reflection might have tranquillized her; but the ten minutes only, which now passed before she was interrupted, with all the restraints of her situation, could do nothing towards tranquillity. Every moment rather brought fresh agitation. It was an overpowering happiness. And before she was beyond the first stage of full sensation, Charles, Mary, and Henrietta all came in.

The absolute necessity of seeming like herself produced then an immediate struggle; but after a while she could do no more. She began not to understand a word they said, and was obliged to plead indisposition and excuse herself. They could then see that she looked very ill – were shocked and concerned – and would not stir without her for the world. This was dreadful! Would they only have gone away, and left her in the quiet possession of that room, it would have been her cure; but to have them all standing or waiting around her was distracting, and, in desperation, she said she would go home.

'By all means, my dear,' cried Mrs. Musgrove, 'go home directly and take care of yourself, that you may be fit for the evening. I wish Sarah was here to doctor you, but I am no doctor myself. Charles, ring and order a chair. She must not walk.'

dass es bei Männern wahre Zuneigung und Treue gibt. Seien Sie überzeugt, dass Sie diese Treue besonders glühend und unverrückbar finden in Ihrem F. W.

Ich muss gehen, ohne mein Schicksal zu kennen. Ich werde aber zurückkommen oder so bald wie möglich Ihrer Gesellschaft folgen. Ein Wort, ein Blick genügt mir, um zu entscheiden, ob ich das Haus Ihres Vaters heute abend oder niemals wieder betrete.

Von einem solchen Brief konnte man sich nicht so schnell erholen. Hätte sie eine halbe Stunde mit ihren Gedanken allein sein können, wäre sie vielleicht ruhiger geworden. Sie hatte aber nur zehn Minuten, bis sie unterbrochen wurde, dazu die ganze Beengtheit der Lage: so konnte sie nicht zur Ruhe kommen. Im Gegenteil, jeder Augenblick brachte neue Aufregung. Es war ein überwältigendes Glücksgefühl. Und bevor sie das erste Stadium ihrer Gefühle voll ausgekostet hatte, kamen sie alle herein, Charles, Mary und Henrietta.

Weil sie sich auf keinen Fall etwas anmerken lassen durfte, musste sie sofort schwer um Fassung ringen; aber bald konnte sie nicht mehr. Sie verstand bald von dem, was die andern sagten, kein Wort mehr und musste sich mit Unwohlsein entschuldigen. Da merkten sie, wie schlecht sie aussah, waren erschrocken und betroffen, und wollten auf keinen Fall ohne sie weggehen. Das war schrecklich! Wären sie nur endlich gegangen und hätten ihr diesen Raum in Ruhe überlassen, das wäre ihre Medizin gewesen. Aber es war zum Verrücktwerden, wie sie alle um sie herumstanden und warteten. So sagte sie in ihrer Verzweiflung, sie wolle nach Hause gehen.

«Unbedingt, meine Liebe», rief Mrs. Musgrove, «gehen Sie sofort heim und pflegen Sie sich, damit Sie heute abend wieder auf den Beinen sind. Ich wollte, Sarah wäre hier, um Sie zu verarzten, ich selber verstehe nichts davon. Charles, klingle und bestelle eine Sänfte. Sie darf nicht zu Fuß gehen.»

But the chair would never do. Worse than all! To lose the possibility of speaking two words to Captain Wentworth in the course of her quiet, solitary progress up the town (and she felt almost certain of meeting him) could not be borne. The chair was earnestly protested against; and Mrs. Musgrove, who thought only of one sort of illness, having assured herself, with some anxiety, that there had been no fall in the case; that Anne had not, at any time lately, slipped down, and got a blow on her head; that she was perfectly convinced of having had no fall, could part with her cheerfully, and depend on finding her better at night.

Anxious to omit no possible precaution, Anne struggled, and said,

'I am afraid, ma'am, that it is not perfectly understood. Pray be so good as to mention to the other gentlemen that we hope to see your whole party this evening. I am afraid there has been some mistake; and I wish you particularly to assure Captain Harville, and Captain Wentworth, that we hope to see them both.'

'Oh! my dear, it is quite understood, I give you my word. Captain Harville has no thought but of going.'

'Do you think so? But I am afraid; and I should be so very sorry! Will you promise me to mention it, when you see them again? You will see them both again this morning, I dare say. Do promise me.'

'To be sure I will, if you wish it. Charles, if you see Captain Harville anywhere, remember to give Miss Anne's message. But indeed, my dear, you need not be uneasy. Captain Harville holds himself quite engaged, I'll answer for it; and Captain Wentworth the same, I dare say.'

Anne could do no more; but her heart prophesied some mischance, to damp the perfection of her felic-

Eine Sänfte wäre jedoch das Schlimmste gewesen. Schlimmer als alles andere! Dass ihr die Möglichkeit genommen würde, auf ihrem stillen einsamen Weg durch die Stadt zwei Worte mit Captain Wentworth zu wechseln (und sie war fast sicher, sie würde ihn treffen), das war unerträglich. Sie wehrte sich energisch gegen die Sänfte, und als Mrs. Musgrove, die sich nur eine Art Krankheit vorstellen konnte, sich voll Sorge versichert hatte, dass es in diesem Fall keinen Sturz gegeben hatte, dass Anne in letzter Zeit weder gestürzt noch einen Schlag auf den Kopf erhalten hatte; dass sie ganz sicher war, nicht gestürzt zu sein, da konnte sie sie fröhlich gehen lassen, im Vertrauen darauf, dass es ihr am Abend besser ginge.

Aus lauter Angst, sie könnte eine Vorsichtsmaßnahme unterlassen, gab Anne sich einen Ruck und sagte:

«Ich fürchte, eines ist noch nicht ganz klar. Seien Sie bitte so gut und sagen Sie den anderen Herren, dass wir heute abend die ganze Gesellschaft erwarten, Ich fürchte, da hat es ein Missverständnis gegeben; deshalb bitte ich Sie, ganz besonders Captain Harville und Captain Wentworth zu versichern, dass wir uns freuen, sie bei uns zu sehen.»

«Oh, meine Liebe, das ist vollkommen klar, ich gebe Ihnen mein Wort. Captain Harville hat ganz bestimmt vor, zu kommen.»

«Wirklich? Ich bin aber in Unruhe, und es täte mir so leid! Versprechen Sie mir, es ihnen zu sagen, wenn Sie sie treffen? Sie werden sie sicher noch im Lauf des Vormittags sehen. Bitte versprechen Sie es mir.»

«Aber sicher, wenn Sie es wünschen. Charles, falls Du Captain Harville irgendwo siehst, denk daran, ihm Miss Annes Botschaft zu überbringen. Aber Sie brauchen sich wirklich keine Sorgen zu machen, meine Liebe. Captain Harville fühlt sich in der Pflicht, dafür stehe ich gerade, und Captain Wentworth bestimmt ebenso.»

Mehr konnte Anne nicht tun. Ihr Herz aber sah irgendeinen unglücklichen Zufall voraus, um ihre vollkommene

ity. It could not be very lasting, however. Even if he did not come to Camden-place himself, it would be in her power to send an intelligible sentence by Captain Harville.

Another momentary vexation occurred. Charles, in his real concern and good-nature, would go home with her; there was no preventing him. This was almost cruel! But she could not be long ungrateful; he was sacrificing an engagement at a gunsmith's to be of use to her; and she set off with him, with no feeling but gratitude apparent.

They were in Union-street, when a quicker step behind, a something of familiar sound, gave her two moments preparation for the sight of Captain Wentworth. He joined them; but, as if irresolute whether to join or to pass on, said nothing – only looked. Anne could command herself enough to receive that look, and not repulsively. The cheeks which had been pale now glowed, and the movements which had hesitated were decided. He walked by her side. Presently, struck by a sudden thought, Charles said,

'Captain Wentworth, which way are you going? only to Gay-street, or farther up the town?'

'I hardly know,' replied Captain Wentworth, surprised.

'Are you going as high as Belmont? Are you going near Camden-place? Because if you are, I shall have no scruple in asking you to take my place, and give Anne your arm to her father's door. She is rather done for this morning, and must not go so far without help. And I ought to be at that fellow's in the market-place. He promised me the sight of a capital gun he is just going to send off; said he would keep it unpacked to the last possible moment, that I might see it; and if I do not turn back now, I have no chance. By his description, a good deal like the second-sized

Glückseligkeit zu trüben. Dies konnte allerdings nicht von Dauer sein. Selbst wenn er nicht selber nach Camden Place käme, würde es ihr doch möglich sein, ihm durch Captain Harville eine eindeutige Botschaft zukommen zu lassen.

Dann folgte noch ein quälender Augenblick. Aus Gutmütigkeit und in aufrichtiger Sorge wollte Charles sie nach Hause begleiten und ließ sich nicht davon abbringen. Das war nun schon fast grausam! Aber lange hielt die Undankbarkeit nicht an; er opferte eine Verabredung bei einem Waffenschmied, um ihr beizustehen. So brach sie mit ihm auf, ohne ein anderes Gefühl als Dankbarkeit zu zeigen.

Sie waren gerade in der Union Street, als ein schnellerer Schritt hinter ihnen, der ihren Ohren vertraut vorkam, ihr zwei Minuten lang Gelegenheit gab, sich auf Captain Wentworths Anblick vorzubereiten. Er schloss sich ihnen an, sagte aber nichts, als ob er noch nicht sicher sei, ob er bei ihnen bleiben oder weitergehen solle; er schaute sie nur an, und Anne hatte sich soweit in der Gewalt, dass sie diesen Blick annehmen konnte, und zwar keineswegs abweisend. Die vormals bleichen Wangen glühten nun, und das Zögern in der Bewegung wich der Entschlossenheit. Er ging an ihrer Seite. Da hatte Charles plötzlich einen Einfall und sagte:

«Captain Wentworth, wohin gehen Sie? Nur bis zur Gay Street, oder noch weiter stadteinwärts?»

«Ich weiß es selbst nicht», antwortete Captain Wentworth überrascht.

«Gehen Sie bis Belmont? In die Nähe von Camden Place? Dann hätte ich nämlich keine Bedenken, Sie zu bitten, an meiner Stelle Anne Ihren Arm zu reichen bis zur Tür ihres Vaters. Es geht ihr heute morgen nicht gut und sie soll nicht ohne Hilfe so weit gehen. Ich meinerseits sollte eigentlich bei dem Kerl am Marktplatz sein. Er wollte mir ein prachtvolles Gewehr zeigen, das er demnächst wegschickt; hat versprochen, es erst im letzten Moment einzupacken, damit ich es noch sehen kann. Wenn ich jetzt nicht umdrehe, ist die Gelegenheit dahin. Seiner Beschreibung nach so etwas wie mein

double-barrel of mine, which you shot with one day, round Winthrop.'

There could not be an objection. There could be only a most proper alacrity, a most obliging compliance for public view; and smiles reined in and spirits dancing in private rapture. In half a minute, Charles was at the bottom of Union-street again, and the other two proceeding together; and soon words enough had passed between them to decide their direction towards the comparatively quiet and retired gravel-walk, where the power of conversation would make the present hour a blessing indeed; and prepare it for all the immortality which the happiest recollections of their own further lives could bestow. There they exchanged again those feelings and those promises which had once before seemed to secure everything, but which had been followed by so many, many years of division and estrangement. There they returned again into the past, more exquisitely happy, perhaps, in their re-union, than when it had been first projected; more tender, more tried, more fixed in a knowledge of each other's character, truth, and attachment; more equal to act, more justified in acting. And there, as they slowly paced the gradual ascent, heedless of every group around them, seeing neither sauntering politicians, bustling house-keepers, flirting girls, nor nursery-maids and children, they could indulge in those retrospections and acknowledgements, and especially in those explanations of what had directly preceeded the present moment, which were so poignant and so ceaseless in interest. All the little variations of the last week were gone through; and of yesterday and today there could scarcely be an end.

zweitgrößtes doppelläufiges, mit dem Sie neulich bei Winthrop geschossen haben.»

Da konnte es keine Einwände geben, nur eine höchst schickliche Bereitwilligkeit, ein äußerst zuvorkommendes Einverständnis für das Auge der Öffentlichkeit; gezügeltes Lächeln und in heimlichem Entzücken tanzendes Gemüt. Eine halbe Minute später war Charles wieder am anderen Ende der Union Street, während die beiden zusammen weitergingen; und bald hatten sie genug Worte gewechselt, um ihre Schritte zu dem vergleichsweise ruhigen und abgelegenen Kiesweg zu lenken, wo die Möglichkeit des Gesprächs aus dem gegenwärtigen Augenblick eine Stunde des Glücks machen und diesen Augenblick für jene Unsterblichkeit rüsten konnte, mit der ihn die glücklichsten Erinnerungen ihres späteren Lebens ausstatten würden. Hier tauschten sie erneut jene Gefühle und Versprechen aus, die schon einmal Sicherheit zu geben schienen, denen aber so unendlich viele Jahre der Trennung und Entfremdung gefolgt waren. Dort kehrten sie in die Vergangenheit zurück und empfanden nun, da sie von neuem vereint waren, vielleicht ein noch höheres Glücksgefühl als damals, als sie zum ersten Mal ihre Verbindung beschlossen – zärtlicher, besser erprobt, fester gegründet in dem Wissen um das Wesen, die Wahrheit und die Zuneigung des andern; zum Handeln besser in der Lage und besser berechtigt. Und als sie dort langsam die leichte Steigung hinaufschritten, ohne die Grüppchen um sich herum zu beachten, ohne irgendjemand wahrzunehmen, weder dahinschlendernde Politiker noch geschäftige Haushälterinnen, flirtende junge Damen oder Kindermädchen mit ihren Schützlingen, da durften sie sich alles gönnen, jene Blicke zurück, jene Eingeständnisse, und vor allem jene Erklärungen der jüngsten Ereignisse, die so ganz besonders ergreifend und von unerschöpflichem Interesse waren. Die letzte Woche wurde in allen möglichen Einzelheiten durchgegangen, und was gestern und heute betraf, so konnten sie kaum zu einem Ende kommen.

Zeittafel

1775 Jane Austen wird am 16. Dezember als siebtes von acht Kindern im Pfarrhaus von Steventon geboren.

1783 besucht sie zusammen mit der Schwester Cassandra ein Mädchenpensionat zunächst in Oxford und Southampton,

1785 dann in Reading.

1787 –93 Jane Austens Jugendwerk (*Juvenilia*) entsteht, u. a. *The Mystery, Love and Friendship.*

1795 *Elinor and Marianne* wird fertiggestellt. Bekanntschaft mit Tom Lefroy (Brief vom 9. 1. 1796).

1797 *First Impressions. Elinor and Marianne* wird zu *Sense and Sensibility* umgearbeitet. Besuch in Bath, dem englischen Modebad der Zeit.

1799 Zweimonatiger Aufenthalt in Bath. *Susan* (später *Northanger Abbey*) abgeschlossen.

1801 Umzug der Familie Austen nach Bath.

1805 Tod des Vaters.

1806 Die Mutter und die beiden unverheirateten Töchter Cassandra und Jane lassen sich in Southampton nieder.

1809 Mutter und Töchter ziehen nach Chawton Cottage.

1811 *Sense and Sensibility* erscheint. *First Impressions* wird zu *Pride and Prejudice* umgearbeitet.

1813 *Pride and Prejudice* erscheint. *Mansfield Park* wird fertiggestellt.

1814 *Mansfield Park* erscheint.

1815 *Emma* erscheint (mit Druckdatum 1816). In diesen Jahren mehrere, z. T. längere Aufenthalte in London.

1816 Erste Krankheitssymptome (wohl der Addisonschen Krankheit). *Persuasion* abgeschlossen.

1817 Cassandra bringt die Schwester zur ärztlichen Behandlung nach Winchester. Jane Austen stirbt dort am 18. Juli und wird in der Kathedrale von Winchester beigesetzt.

1818 *Northanger Abbey* und *Persuasion* erscheinen postum.

Nachwort

«By a Lady» ließ Jane Austen auf die Titelseite ihrer Romane drucken. Die Frauen ihrer Zeit, auf Haushalt und Familie reduziert, hielten sich in der Öffentlichkeit zurück. Da eine gute Partie die einzige Möglichkeit war, ein finanziell gesichertes Leben zu führen – unverheiratete Frauen oder auch Witwen lebten in demütigender Abhängigkeit von der Familie und konnten leicht zu komischen Figuren werden –, war die Partnersuche die wichtigste Aufgabe junger Frauen. Sie ist deshalb zentrales Thema aller sechs Jane-Austen-Romane, wobei Vermögens- und Versorgungsfragen nüchtern und detailgenau diskutiert werden.

Jane Austen wuchs mit vielen Geschwistern im Pfarrhaus von Steventon auf. Zwölfjährig fing sie an zu schreiben und amüsierte mit intelligentem Witz die ganze Familie. Einige Jahre verbrachte sie in Bath, wo sich die flache Langeweile gesellschaftlicher Rituale am besten analysieren ließ. Nach dem Tod des Vaters lebte sie wie alle unverheirateten Frauen mit Mutter und Schwester in beengten Verhältnissen, vom Wohlwollen der Brüder abhängig. Literarisch sind die letzten Jahre in Chawton Cottage bis zu ihrem frühen Tod sehr fruchtbar gewesen.

Anfangs übte sich Jane Austen in blanker Satire. *The Mystery* ist eine Groteske über inhaltsleeres Salongeschwätz. *Love and Friendship* parodiert den sentimentalen Roman der Zeit. Auch *Northanger Abbey* ist noch in Teilen eine Parodie (auf den Schauerroman), und die Ironie bleibt Jane Austens charakteristisches Stilmittel, die Doppeldeutigkeit, die indirekte Komik. Das erste Kapitel von *Pride and Prejudice* ist ein Meisterstück des Dialogs, in dem sich die Figuren selbst zugleich charakterisieren und demontieren.

Jane Austen beschränkt sich sehr bewusst auf das, was sie aus eigener Anschauung kennt. Sie beobachtet den kleinen Landadel im Süden Englands bei seinem immer gleichen Trei-

ben, zu Hause, auf Bällen, in Gesellschaft, im Modeort Bath. Die großen historischen Umwälzungen ihrer Zeit – Französische Revolution, Napoleonische Kriege, Industrielle Revolution mit allen gesellschaftlichen und sozialen Folgen – spiegeln sich nur indirekt in ihrem Werk.

Warum Jane Austen unverheiratet blieb, wissen wir nicht. Wir wissen jedoch, dass sie einen Mann namens Harris Bigg Wither abwies, weil er ihr nicht gefiel. Ein solcher Akt der Selbständigkeit war damals nicht leicht durchzustehen. Die arme Fanny Price in *Mansfield Park* weiß ein Lied davon zu singen. In den Briefen an ihre Nichte Fanny macht Jane Austen klar, was sie vom Heiraten ohne Liebe und von der Ehe überhaupt hält. Festes Fundament ihres eigenen Lebens ist die Beziehung zur älteren Schwester. Janes Briefe an Cassandra haben auch diese berühmt gemacht.

In ihren Briefen begegnet uns Jane Austen als professionelle Autorin. Die Bücher sind ihre Kinder und das Schreiben eine Chance, eigenes Geld zu verdienen und ihr eigenes Leben zu führen. *Emma,* ihren vierten Roman, widmete sie dem Prinzregenten, auf Anregung von Clarke, dem Bibliothekar Seiner Königlichen Hoheit. Zu diesem Zeitpunkt hatte sich der Schleier der Anonymität schon gelichtet. Die Korrespondenz mit Clarke zeigt eine selbstbewusste Schriftstellerin, die weiß, was sie will.

Jane Austen hat gegen die Beschränkungen ihres Lebens nicht rebelliert. Sie hat Wege gesucht, innerhalb dieser engen Welt, die sie durchschaut und ironisch präsentiert, mit Hilfe der Vernunft das Ideal einer autonomen Persönlichkeit zu verwirklichen. Die Frauenfiguren ihrer Romane geben diesem Ideal Kontur. Lizzy in *Pride and Prejudice* gestaltet ihr Leben in Selbstachtung; selbstbewusst steht sie ihren Mann gegenüber der vernichtenden Autorität der Lady Catherine de Burgh. In *Persuasion* gelingt es Anne Elliot, eine lange und schwierige Liebesgeschichte in der Enge eines überfüllten Salons und festgefügter gesellschaftlicher Formen mit Anstand zu einem guten Ende zu führen. Umgekehrt

verbirgt Jane Austen nicht ihre Verachtung gegenüber Frauen, die diesen Anspruch nicht haben. Isabella Thorpe, Miss Bingley, Mrs. Bennet – da ist ihre Satire gnadenlos.

«Von allen großen Schriftstellern ist sie am schwierigsten an dem Punkt zu fassen, wo ihre Größe sich entfaltet», schreibt Virginia Woolf über Jane Austen. Was macht diese Klassikerin der englischen Literatur so faszinierend? Die Kunstfertigkeit, mit der überschäumende Gefühle in sorgfältig konstruierten, fast unpersönlich wirkenden Sätzen eingefangen und gezähmt werden, wie in den Umgangsformen eines Salons? Die kluge Ironie, die das Leben in der Beschränkung möglich macht? Die Erotik, die im Verborgenen knistert? Wir hoffen, mit der Auswahl unserer Texte einen Zugang zu öffnen zu der Größe dieser großen Schriftstellerin.